수필로 그린 가마실 풍정

깔비단을 쳐다보니 눈물이 난다

가마실 다섯자매 시간 여행

수필로 그린 가마실 풍정

깔비단을 쳐다보니 눈물이 난다

첫째 · **성정숙**
둘째 · **성재선**
셋째 · **성유정**
넷째 · **성갑숙**
다섯째 · **성지윤**

수필과비평사

| 머리말 |

아득한 가마실로의 시간여행

   그 옛날, 사랑방에 등잔불 까무룩하고 안방 화롯가에 오불오불 모여앉은 다섯자매들은 무슨 세실 그리 많은지 동짓달 기나긴 밤도 부족하였다.

   세월은 덧없고 화롯불 사그라지듯 온기 사라졌던 가마실 정지방에 다시 온기를 다독인 것은 출가외인 맏이였다. 팔순을 앞둔 맏이는 할매가 누웠던, 또 엄마가 누웠던 안방을 쓸고 닦아 출가외인들을 수시로 불러들였다.
   맏이와 막내의 나이 차는 15년, 까마득한 그 시절을 소환해놓고 세대 차이를 극복하느라 때로는 승강이를 하다가 때로는 고맙다는 말치레로 업어 키워준 은혜에 갚음을 하며 혈육의 정을 나누었다.
   그러던 어느 날 맏이가 낡은 흑백사진 한 장을 내밀었다. 맏이의 결혼식 사진으로 고운 족두리를 쓴 새신부 곁에 앞가리마를 반듯이 가르고 곱게 머리를 빗어넘긴 조그만 우리 할매가 서 있었다. 아득히 꿈속에서도 그려지지 않던 우리 할매가 "아이쿠! 내 강새이들아." 하며 금방이라도 손을 내밀 것 같았다.

그 길로 창녕읍내 사진관을 찾아가 할매 사진을 확대 인화하고 다섯자매들 각자 한 장씩 품에 안고 돌아오던 날, 어찌나 좋은지 잠을 설쳤다.

그리고 아득한 그 옛날 고단했으나 절절했던 아름다운 이야기를 다섯자매 단톡방에다 풀어놓기 시작했다. 한 가닥 고삐를 풀면 실타래 풀리듯 무수한 이야기가 풀려나와 단톡방을 도배했다.

그림 잘 그리는 막내가 때때로 삽화를 그려 덧올려놓으면 다섯자매는 어느새 유년의 안방 화롯가에 둘러앉은 듯 따뜻했다.

가마실로의 시간여행, 그냥 흘려버리기에는 아니 지워버리기에는 너무나 소중했기에 책으로 묶어 보고자 자료를 정리하기 시작한 지 일 년, 참으로 행복했다. 우리는 그것이면 되었다.

자손 귀한 집 내리내리 씨잘때기 없는 딸로 태어나 부모에 설움 컸으나, 조부모 사랑 하늘 같아서 험한 세상 살아낼 자양이 되었고, 현재 우리 오자매 알토란 같은 자손 25명에 더 무엇을 바라랴.

더불어 가마실 동네 이웃하며 고락을 함께했던 일가친척, 친구, 우리들 이야기 속에 등장하는 혈육과 그 외 분들께 이 자리를 빌어 안부 드리고 고마움을 전한다.

2024년 1월 가마실 골땀 어붕굴댁 넷째 손녀 절

차례

머리말 _ 아득한 가마실로의 시간여행   04

제 1 부

할매

셋째 성유정 · 영등할매의 시샘인지!	12
첫째 성정숙 · 할매! 할매! 우리 할매	14
넷째 성갑숙 · 니가 낳았다고 니 맘대로 하나	16
다섯째 성지윤 · 닭님 / 담배맛 / 어리석은 생떼	18

아부지

둘째 성재선 · 에―외부구장입니다 / 울 아부지	26
첫째 성정숙 · 도리깨질	30
넷째 성갑숙 · 침술 좋은 그분 / 물꼬	31
다섯째 성지윤 · 무딘 호미를 시퍼런 낫으로	35

엄마	첫째 성정숙 · 에라이 씨언시리 잘 팔아뭇다	38
	둘째 성재선 · 나는 안 되더라	40
	셋째 성유정 · 깔비단을 쳐다보니 눈물이 난다 / 엄마 엄마 울 엄마	42
	넷째 성갑숙 · 내캉 살자 내캉 살자 / 당신이 하늘입니다.	46
	다섯째 성지윤 · 효부 엄마	51

출생	둘째 성재선 · 피난둥이	54
	셋째 성유정 · 시베리아에 던져놔도 살아올 가스나	57
	넷째 성갑숙 · 우짜노?	59
	다섯째 성지윤 · 생일 / 개명	61

궁민핵교	넷째 성갑숙 · 서러운 넷째딸	68
	둘째 성재선 · 외할매한테 붙잡힛다	70
	셋째 성유정 · 눈물겨운 소풍	73
	다섯째 성지윤 · 사천왕 앞에서 식겁했다 / 학예회	75

서리

다섯째 성지윤 · 기가 막힌 파서리/나뿐 히야들/   80
19금 마지막 행사

둘째 성재선 · 연애도 서리할 수 있으마   89

셋째 성유정 · 뇌라 뇌라   90

혼인

첫째 성정숙 · 요즘 세상 같으면 막살냈지   94

둘째 성재선 · 내 남편 공장회/   96
우리 부부끼리만 한 번 살아봤으면

셋째 성유정 · 혼인이야기   100

넷째 성갑숙 · 성이 뭐꼬?   102

다섯째 성지윤 · 그런 머스마를 어디서 만날끼고   105

처객

넷째 성갑숙 · 처객 다루기   108

첫째 성정숙 · 얍삽한 처객   110

둘째 성재선 · 뭐, 이런 동네가 있노   113

다섯째 성지윤 · 취객이 된 처객   114

제 2 부

첫째 **성정숙**		
	함박산에 물도 먹고 뿡도 따고	118
	고마운 밍구아재	120
	땔감 사방잎사구	121
	끝박아서 미안하기는 한데 2	122
	히추	123

둘째 **성재선**		
	막내야 미안타	126
	아까시아꽃이 필 무렵	127
	용산아재	129
	재산 1호	131
	끝박아서 미안하기는 한데 1	134

셋째 **성유정**		
	아련한 유년의 사계	136
	절미운동	140
	선창들에 핀 청춘	142
	헛것을 보았나	144

넷째 성갑숙

신파극은 그렇게 끝이 났던 것이었던 것이었다	146
도깨비불 춤추는 애장골	148
확! 마, 직이뿔라	150
봄바람에 실려온 연서	152
갱분에서 소싸움 한다꼬예	154
무서운 기억	156
파래이 모개이 벌개이 때문에	157
읍내 엄마	159
여자는 집에서 살림만 잘하면 된다	161
치알 치고 잔치하던 날	164
개구리밥	166
야! 야! 야! 진또리하자	168
깔방알라 업은 동무가 부럽다	170

다섯째 성지윤

눈물보따리	174
감쪽 같은 맛	176
할배 밥상 나기를 기다리며	177
이 잡듯 샅샅이	179
버니타	180
겨울 간식	182
새미치기	184

1

할매

셋째 — 성유정 · 영등할매의 시샘인지!
첫째 — 성정숙 · 할매 할매 우리 할매
넷째 — 성갑숙 · 니가 낳았다고 니 맘대로 하나
다섯째 — 성지윤 · 닭님 / 담배맛 / 어리석은 생떼

영등할매의 시샘인지!

셋째-성유정

봄꽃축제가 한창인 요즈음 가로수 벚꽃들이 눈부시네
행인의 시선을 모두 끌어들이며 뽐내고 있네
시샘이라도 하는 걸까?
음력이월 바람 영등 할매의 장난일까?
회오리바람 벚꽃 나무를 휘감아
산책길 벤치에도 넓은 도로에도
꽃잎들이 춤을 추네
흰 눈이 내리듯 흩날이네

바람이 많은 달 음력 이월 초하룻날,
우리 할매는 영등 할매를 맞아 소지를 올리며 축원했었지
영등 할매를 잘 대접해야 바람도 비도 조절해 주어
농사에 도움 되고 가족들의 건강도 보살핌을 받는다는데
안마당 감나무 밑에 돗자리가 깔리고
오곡밥, 봄나물과 귀밝이술 등
영등 할매 맞이 음식이 차려지고 촛불을 밝혀

식구들의 소원성취를 비는 할매의 소지 올리기
식솔들 일일이 호명하며 소지에 불을 붙여 소원을 빌었지

누구의 것이 하늘로 높게 높게 올라가나
한해의 점을 치듯 난리법석이었지
제일 먼저 외동손자 것은
할매의 소원대로 소지가 술술 하늘로 올라가고
중간쯤만 올라가는 것 올라가지 못하고 땅으로 내려앉는 것을
두 손으로 억지로 밀어 올리기도 하고

우리 가족 모두 할매 덕분에 한 해를 무탈하게 보냈지.

할매! 할매! 우리 할매

첫째—성정숙

친정집에 들어와 살민서 수시로 할배, 할매 산소에 들다봤다. 어떤 날에 절골짜게 운동 갔다가 산소에 들리마 산돼지가 산소를 뒤비놓고 해서 독한 약을 뿌리봐도 소용없었다.

윤사월 부산 동생들이 산소 이장을 할라꼬 왔다. 막상 일꾼들이 와서 포크레인을 들이대니까 눈물이 막 쏘다지더라.

자석들 다 지 갈길 보내고 혼자된 나는 친정집에 돌아와서 맨날 할배 할매 산소 돌보미 사는기 의지가 됐는데, 산소가 없으지니까 속이 텅 빈 것 같앴다.

나는 할매 은혜를 참 마니도 입었다. 시집가기 전에는 밤마다 놀로 나간 나를 찾아 석유등 까무룩하기 들고 집집이 찾아 댕기미
"선아, 우리 선이 여기 있능교?"
혼기에 든 나를 기어이 찾아서 옆에 뉘피야 잠을 잤다.

시집을 가서는 첫아 도환이 태어났을때 해복간을 해주고 돌아와서는 "우리 선이가 아들을 낳았다."꼬 동네 사람들 앞에서 자랑하미 춤을 너불너불 추었던 할매다.

  할매! 할매! 우리 할매, 산짐승 들짐승 달라들지 못하는 납골당에서 편히 사시소오.

니가 낳았다고 니 맘대로 하나

넷째-성갑숙

내 나이 열여섯,
중학교 교복을 벗는 날 셋째 언니가 시집을 갔다.
안방에서 중풍으로 누운 할매 입에 죽을 떠넣는데
할매 눈에 눈물이 맺혔다.
셋째 손녀 시집을 보내 그러시는지,
졸업식에 못 가고 잡혀있는 넷째손녀가 불쌍해 그러신지
나도 따라 울었다.

딸들에게 모질었던 엄마는 단호했다.
외동 오빠가 사립 대학교에 다니니까 돈이 많이 들어간다는 거,
농사일 거들 사람이 필요하다는 거,
가스나는 중학교만 해도 된다는 거,
열여섯 나이에 그 어떤 것도
나의 진학을 막을 이유가 되지않았다.
그러나 중풍 3년째 몸져누운 할매 곁에
지킬 사람이 필요하다는데 나는 주저앉았다.

동창생들 따라 제때 진학을 못 해도
절대 할매를 원망하지 않았다.

층층시하 가스나를 줄줄이 낳아 입 늘인
죄 많은 우리 엄마,
그 손에 들린 빗자루 몽둥이를 잡아챈 것은 할매다.

손녀 다섯을 치마폭에 감싸 안고 항상 방패막이가 되어준
우리 할매는 외쳤다.
— 니가 낳았다고 니 맘대로 하나?
우리 할매 신영도 빠이띵!

닭님

다섯째─성지윤

"닭님! 밤똥은 닭님하고 낮똥은 내 주이소−."
유일하게 닭한테 극존대하면서 공손히 빌어야 합니다.

한밤중 소변은 요강에 하면 되는데 낮에 잘못 먹었거나 해서 대변을 볼 때면 큰일입니다. 옆에 주무시는 할매를 깨워야 합니다.

"할매, 통시 가야된다. 똥 누고 싶다."
곤히 주무시다가도
"우리 강세이 속이 안 좋구나." 하면서 앞장서십니다.

겨울밤은 옷을 다 챙겨 입고 나가야 합니다. 통시 안도 통시 밖도 시베리아 벌판입니다. 할매가 가뿔까봐 불안해서 자꾸 불러봅니다.
"할매 가마 안 된다이−."
그리고 시원시리 볼일을 보고 나오면 할매는 통시 앞 닭장 앞에 나를 세우고 두 손을 합장하게 하고 싹싹 비비면서 세 번 절을 하며 닭한테 빌게 합니다.

그러면 닭들이 자다가 무슨 일인가 해서 '구구구구!' 하면서 알았다고 귀찮다는 듯 대답합니다.

"닭님! 닭님! 밤똥은 닭님하고 낮똥은 내 주이소!"

담배맛

다섯째-성지윤

엄마보다 더 살뜰히 챙겨주는 우리 할매 어붕골딱이는 애연가입니다. 젊은 시절부터 와 담배를 피우는지 억수로 궁금했습니다.

그래서 어느 날 화롯가에 앉아서 담뱃대에 담배를 꾹꾹 놀러 담고 있는 할매한테 물어 보았습니다.
"할매, 담배는 와 피노? 맛있나?"
하니까 화롯불에 담뱃대꼭다리를 대고 길게 한번 빨아 연기를 내뿜고는
"담배를 피마 춥울 때는 따뜻해지고, 배고풀 때는 배 고푼기 없어지고, 걱정이 있을 때는 마음이 핀해 진다."

참말로 기가 찼습니다.
나는 호기심이 발동해서 미칠 것 같았습니다. 그래서 소죽솥 부석 앞에서 어른들 몰래 속이 뻥 뚫린 보릿대 끝에 불을 붙이고 할매 흉내를 내 보았습니다.

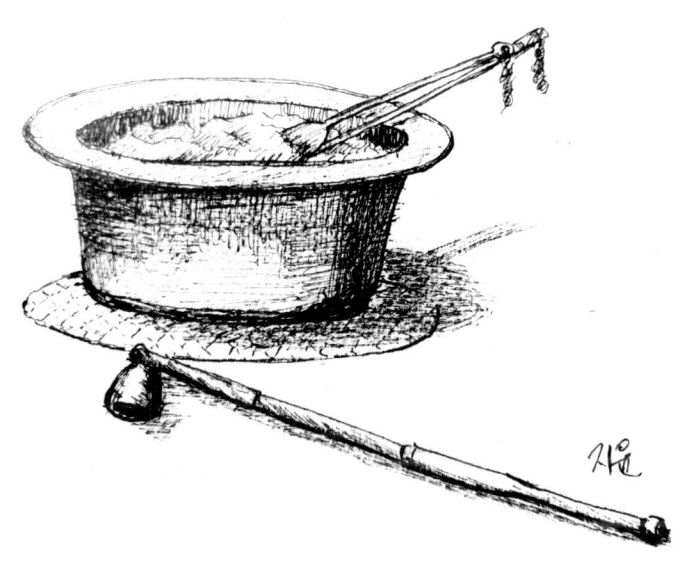

　한번 길게 빨아땡기보니 구수한 보리 타는 냄새가 들어오면서 국민학생 가스나 내 숨통이 막혔습니다.

　그라고 할매가 말해 준 그 아무것도 해소되지 않았습니다.
　인생 더 살아 보면 뭔 느낌이 있었을랑가 모르겠습니다.

어리석은 생떼

다섯째-성지윤

낮에 동네서 찌짐 굽는 냄새가 났다 하면 그 다음날 첫새벽에 어김없이 어느 아낙이 다라이를 이고 들어옵니다.

어느 집 기제사를 지내고 할배, 할매께 드리는 제삿밥입니다.

각종 나물과 하얀 쌀밥 떡과 고기 생선 술 골고루 한 상 머리에 이고 어르신이 계신 집으로 배달을 합니다.

우리집은 작은집이라 제사가 없었습니다. 그러니 나눠 먹는 그 제삿밥이 얼마나 부러운지…

명절이 와도 우리집은 음식이래야 기껏 늙은 호박 벅벅 긁어서 부꾸미 굽는 정도. 그래서 항상 불만이었습니다.

제사음식을 직접 먹는 것도 좋겠지만 머리에 이고 이집 저집 나눠 주는 걸 해보고 싶었습니다. 그래서 나는 맨날 할매한테 쌩떼 거지를 썼습니다.

엄마는 막 나무라기만 했습니다.
그러든지 말든지 통할 것 같은 할매한테만 하루 종일 징징거렸습니다.

"할매- 우리도 제사 지내자- 어? 어?"
할매가 담뱃대에 담배를 꾸국 눌러 담고 성냥을 그어 불을 붙이며 말씀하셨습니다.

"으이구우- 너거 할배나 내가 죽어야 지사를 지내지."
"헉! 그래야 제사를 지내는구나."
참 어리석은 생떼를 썼다는 걸 그제야 깨달았습니다.

아버지

둘째 — 성재선 · 에! 외부구장입니다 / 울 아부지
첫째 — 성정숙 · 도리깨질
넷째 — 싱갑숙 · 침술 좋은 그분 / 물꼬
다섯째 — 성지윤 · 무딘 호미를 시퍼런 낫으로

에– 외부구장입니다

둘째–성재선

아부지가 우리동네 구장을 맡은 적이 있었제.
아부지는 창녕읍사무소까지 이십리길을 걸어다니민서,
회의하고 돌아오는 길에
돌고개 유선스피카 방송실에 가서 큰소리로 웻다.
사땀 동네에 아부지 목소리가 울리고
"에– 외부 구장입니다."
길게 빼는 목소리 그대로 따라 숭을 내민서 동네 백씨 머스마가
꼭 내를 애믹잇다.

그래 고생 삼년 차 들민서 읍에 볼일 보러 나가기만 하면
저녁에 늦게 들어오서.
알아본께 냇가 주막에서 노름꾼들한테 붙들릿다꼬.
주막에는 기생도 델다 놓고 장사를 하고 꾼들은 데라를 뜯어 먹고, 아부지는 잘 칠줄 모르니 자꾸 까묵었어.
밤마다 늦을 때는 엄마가 내를 델꼬 주막으로 갔는데
나는 그때 간이 좀 컸는지 안 간다꼬 한 적 없어.

깜깜한 밤 주막 앞에는 큰 구르마가 있었고.
나는 그 밑에 숨어 아부지소리가 주막 안에 있는가 살피고.
엄마는 안에 아부지가 있는 거를 알민서도
체면 차릴라고 쳐들어가지 못하고 꾹 참고 집에 오고 했지.

사랑방에 할배 아실까 해서 절대 큰소리도 몬내고
난중에는 읍내 외삼촌을 대동해서 아부지를 말려봐도 소용없고, 안 되겠다 싶어 할매한테 알리고
할매가 12월달 동회에 나가 구장 더 이상 못하게 말했어.
그래자 노름꾼들이 그동안 아부지가 꾼 돈 받을라고
우리집을 들치고,
도장에 나락 푸대를 짊어지고 나가는 걸 할배한테 들키고,
혼이 난 아부지가 그 다음부터 화투짝이를 안 만친다.

울 아부지

둘째-성재선

울 아부지는 농사일에 반거치다.
뒷골밭 보리 실로 가마 소텟발이 쉰찮아
소가 뛰어 도랑에 빠져 몇번 죽을 고비를 넘겼다.

구포로 간 둘째 삼촌은 할배 맘에 들도록 시킬것 없이 잘했다.
그래서인지, 할배는 큰아들 울 아부지를 그래 미워했다.

그 중에 노름조차 좋아하고 술마시고 오는 날은 초비상이다.
둥구산 밑에서부터 일본 노래 불러싸미 배꾸마당에 들어오면,
사랑채 할배 모르게 할라꼬 우리는 문을 닫고
엄마가 아부지 입을 막았다.
아부지는 일본 징용 끌려갔다가 돌아와서 그런지
농사에 적을 두지 못한기다.

할배 임종시에도 할배 안경은 구포 둘째삼촌이 가져갔으니
아부지도 농사일 시키는 할배를 안 좋아했다.

 그 모습을 지켜보며 자란 나는 시집 왔어도
 아버지처럼 안 살거라며 대농가 시집살이 닥치는대로 겁없이
살아냈다.
 지금까지도 나는 겁나는 기 없다

도리깨질

첫째-성정숙

뒷골밭에서 끄시고 온 보릿단을
배꾸마당에 좌악 깔아놓고 도리깨질을 하는데
얼매나 꺼끄럽고 목은 타는지
아부지가 드시는 탁주를 우리도 먹었다.
고라재비를 타서 달짝지근한 술을 벌컥벌컥 마시고 나면
힘이 펄펄 났다.

아부지는 앞서서 차례차례 보리를 쳐내주고
엄마하고 딸들은 나래비를 서서 막 쎄리 뚜디리 팼다.

그래 봐야 맛도 없는 시커먼 보리밥만 몸서리나게 먹을낀데,
그래서 아무 죄 없는 보릿단을 그리 뚜디리 팼능가 몰라

침술 좋은 그분

넷째-성갑숙

집앞 무논에서 쟁기질하는 아부지한테 중참을 내어가다가 정지 문 턱에 걸려 넘어졌다.

술주전자는 마당 가운데로 나가떨어지고 목마른 아부지는 기다리실테고 마음이 바빴다.

벌떡 일어나 주전자를 주우려는데 발목이 부서진 듯이 아프다. 농번기라 집에는 아무도 없고, 나무막대기를 양손에 집고 절뚝거리며 집 앞 논으로 나갔다.

멀리 술을 기다리시던 아부지가 놀라서 뛰어오시더니 안가마실로 그냥 날아가셨다.

아부지 친구 침술 좋은 김ㅇㅇ 그분을 찾아가신 것이다.

농사를 짓는 그분은 언제나 기다란 침을 품고 다닌다고 했다.

한나절을 찾아 헤매시던 아부지가 점심시간 맞추어 그분 집으로 가서 기다리자고 든든한 지팡이 두 개를 만들어 주셨다. 그런데 그분 집으로 오르는 가파른 오르막길에서는 주저앉고 말았다.

도저히 걸음을 뗄 수가 없어 아부지가 힘들게 나를 업어올리셨다.

어렵게 만난 그분은 가파른 길 어떻게 올라왔냐고 아부지께 인사를 하고 기-다란 침을 빼어 들었다.
그리고는 진맥을 하시더니 나를 세워두고 침을 놓았다.
복숭아뼈 중간에도 침이 들어가는 게 참 신기하고 집으로 오는 길은 훨씬 수월해졌다.

한 동네 용한 분을 친구로 두고 사는 아부지가 정말 든든했다.

물꼬

넷째-성갑숙

씨릉골 저수지 물이 안땀에서 골담으로 구불구불 논두렁따라 흘러내릴 때면 너나없이 물꼬를 텄다.
집앞 우리 논으로 신동아재가 물꼬를 트고, 우리 논 아래로 물꼬를 트면 큰집 논으로 흐른다.

큰집, 작은 집, 앞집, 뒷집, 시기 놓치지 않고 나락이 패기를 기다리던 어느 해 여름 지독한 가뭄이 들었다. 논바닥이 갈라지고 목이 타는데 씨릉골 저수지도 바닥이 났다.
아부지는 쑥골 논 웅덩이에 물을 집앞논으로 퍼 올리려고 거금을 들여 양수기업자를 물렀다.

이른 새벽부터 길고 긴 호수를 깔고 어렵사리 물을 퍼 올렸더니, 가까스로 목을 적신 나락들이 생기를 찾는 것을 보고 아부지는 늦은 점심을 드셨다.

그리고 집앞논으로 향한 아부지 고함소리가 둥구산을 부딪고 우리집 배꾸마당으로 들쳤다. 놀라서 온 식구들이 뛰어나갔는데, 집앞논 물꼬 앞에 귀를 꽉 자신 큰집할배가 삽을 들었다 놓았다 하고 아부지는 큰집할배 막힌 귀를 뚫지못해 소리소리 치고 계셨다.

 씨룽골 저수지 물이 아니고 양수기로 퍼 올린 물이라고 논바닥에 써 보일 수도 없고, 아부지가 우리논 물꼬를 다시 틀어막으며 승강이는 끝이 났는데. 큰집 작은 집 막힌 물꼬는 누가 틀꼬.

무딘 호미를 시퍼런 낫으로

다섯째-성지윤

한 남자가 둥구산 밑을 걸어오면서 대성통곡을 합니다.
군대 보내놓은 아들을 면회하고 돌아오는 남자였습니다.
바로 우리 아부지였습니다.
대학을 졸업하고 장교가 되기 위해 광주보병학교로 훈련을 받으러 간 외동아들 면회를 갔다 오시는 길이었습니다.

맞은편에서 우리 할매와 큰집할매가 앞서 마중을 나가며 서로 부여잡고 통곡을 하였습니다.
함께 갔다 온 엄마는 동네 부끄럽다며 아부지를 나무랐습니다.
"우떻더노? 내새끼는……."
할매 두 분이 손을 잡고 물었습니다. 가까스로 꺼이꺼이 울음을 거두며 동네 어귀에 퍼져 앉아서
"어렵게 면회신청해서 아—를 만냈는데 쌔까맣게 마르고 뒷목줄기로 땀이 줄줄 흐르는데 어찌 아깝든지……흐이흐이—."
또 울음보가 터졌습니다.
"아이구—우 우째 키았는데, 그 땀을 그래 흘리고 흐이흐이."

두 할매도 맞장구를 치시고 가관도 아니었습니다.

아부지는 어린아이같이 아부지의 큰엄마와 엄마 앞에서 설명했습니다.

"그 젊은 아-들이 등에 군장을 짊어지고 들고 뛰고, 호루라기에 맞춰 행군을 하고 병원차가 뒤에 따라댕기고 얄궂더라 으-흐흐흐-."

또 한바탕 울고

"그 먼길 광주까지 갔는데 짧은 면회시간 마치고 돌아서는 아들은 뒤도 한번 안 돌아 보고 착착착 가쁘더라-. 뭉뚱한 호메이를 갖고 시퍼런 낫을 만드는기라-."

눈물 많으신 우리 아부지 딸 다섯 시집 보내면서도 참 많이 우셨습니다. 살면서 뭔지 모르지만, 나는 촉촉히 좀 울 줄 아는 남자가 좋겠다 싶을 때가 있습니다. 우리 아부지처럼.

엄마

첫째 — 성정숙 · 에라이 씨언시리 잘 팔아뭇다
둘째 — 성재선 · 나는 안되더라
셋째 — 성유정 · 깔비단을 쳐다보니 눈물이 난다 /
　　　　　　　　 엄마 엄미 울 엄마
넷째 — 성갑숙 · 내캉 살자 내캉 살자 / 당신이 하늘입니다
다섯째 — 성지윤 · 효부 엄마

에라이 씨언시리 잘 팔아뭇다

첫째-성정숙

학산 앞 일곱디지기 논으로 아부지가 일하로 가는 날은 엄마가 얄굿다. 집안일 하다가도 수시로 집 앞 방천에 나가 멍하게 서 있다가 오고, 또 내 보고도 나가 보라했다.

"너거 아부지 학산 논에 일하나 안 하나 봐라."

아부지가 일하다가 말고 논에 안 보이는 날은 일이 났다. 학산 앞에는 주막이 하나 있는데 기생도 있고 해서 아부지가 술 체해뿌마 하루종일 놀아뿐다.

에이구! 문디, 내 시집 가기 전에 그 논도가리 씨언시리 팔아뿟고 내가 씨빠지게 엎어져 일했던
  넘어땀 논도, 선창뜰 논도 팔아 뿌고
  뒷골 밭 열마지기도 팔아 뿌고
  토옥골 논도가리도 다아 팔아
  전부 외동아들 학비로, 아파트 전세금으로 다 내 주고

집 앞 논은 남겨두고 돌아가싯는데 그것도 외동아들이 몽땅 팔아가고

시집살이 다 마치고 고향에 돌아온 맏딸인 나는 친정집 터를 내 아들이 사 주어서 들어앉아 산다.

나는 안 되더라

둘째-성재선

엄마가 만든 술이 맛있다고 공서방이
'너거 엄마한테 술하는 걸 배워라' 해서 시킨대로 해보니까.
술도 성질대로 되는 모양이지?
뽀글 뽀글 기오르더니 초술이 되더라.

엄마 술은 빨리 부글 끓더니 술맛도 좋고,
거신 우리 시오마시 술도 좀 좋았는데 나는 안 되더라.
그래서 엄마 맨치로, 우리 시오마시 맨치로
성질이 거시고 콸콸해야 된다고 생각해.

엄마는 단지 두개 가꼬, 한 단지 다 무 가마,
또 한 단지 담고,
먼저 단지는 뜨거운 물에 우라내고.
울엄마 좋은 술이 할배, 할매, 아부지 모두 술고래 만들었제.
어느 날, 아부지가 외부차에서 술주정을 했던지.
우리 옆집 풍조댁이가

"정식이 외할배 술이 만빙이 됐더라."
그대로 엄마한테 일렀지.
"너거 아부지 그렇타. 낭패다."

그래도 아부지는 술을 좀 좋아해서 그렇치.
손기술이 있어 사땀 재봉틀 다 고치고.
엄마 바느질하는데 지장이 없었지.

지금은 아부지도 가시고, 공서방도 가고, 술 만들 필요도 없지만.

깔비단을 쳐다보니 눈물이 난다

셋째-성유정

　잔솔밭에 소복소복 쌓인 깔비를 까꾸리로 긁어모아 소쿠리에 수북히 담으면 부자가 된 기분이지.

　어릴 적 우리 자매들은 커 가는 순서대로 엄마를 도왔지. 산에 나무하러 가기, 소 먹이기. 소풀 뜯기, 나물캐기, 엄마가 시켜서 한다기보다 학교에 갔다오면 스스로 알아서 했어.

　그렇게 키운 딸은 도시로 시집 보냈고 어느 날 그 딸에게 편지 한통 보냈어.

　"셋째야! 잘 지내느냐? 정지 모퉁이를 돌아가보니 니가 해놓고 간, 차곡차곡 쟁여있는 나무단을 쳐다보니 자꾸 눈물이 난다."

　그러시던 우리엄마, 딸들에게는 무심한 척 억척스럽게 강한 줄만 알았는데…

그때 느꼈었지 엄마의 애달픈 모정을
지금도 도시공원 소나무 밑에 소복이 쌓인 깔비를 보면 그 기억이 되살아나 긁어모으고 싶은 충동을 느끼면서 폰 카메라를 들이대곤 해.

엄마 엄마 울 엄마

셋째-성유정

    층층시하에 여섯 남매를 둔 울 엄마.
    가난은 맏며느리 엄마의 허리를 조이고, 남아선호 사상 팽배했던 시절 딸 많이 낳아 스스로 죄인을 만들었다.
    술 좋아하시는 할배 할매, 노름 좋아하는 우리 아부지,
    끼니 때 닥치는 것도 무서워라. 아침은 꽁보리밥. 점심은 고구마. 저녁은 김치 국시기로 근근 이어가던 울 엄마.

    어른 앞이라 가스나들 엉덩이 한번 쓰다듬어 주지 못하고 모두 할매 품에 넘겨주고 죽도록 일만 한 울 엄마. 세월은 흘러 살림 밑천 맏딸을 반 맘에도 안 드는 사위에게 뺏기고, 외동아들에 친손자를 그렇게 바랐건만 그마저도 한스러워라.

    평생 두통으로 뇌선 진통제를 달고 사신 이유가 그뿐이겠는가. 겉으로는 강한 척, 속내는 새까맣게 타버렸을 울 엄마…
    자식들 제 갈 길 보내고 나니 이미 몸은 늙어 걷잡을 수 없는 큰 병 파킨슨 앞에 여지없이 무너졌다.

진단결과 뇌가 새카맣게 타 버렸다는데…

피골이 상접하여 병상에 누웠을 때 면회 온 딸에게 말은 안 나오고 동공 풀린 눈으로 빤히 쳐다만 보시던 그 모습, 어릴 때 엄마 정을 못 받아 다정하게 엄마라고 불러주지 못해 한스러워라.

임종 직전 몰아쉬는 엄마의 숨소리를 들으며 나는 엄마 귀에 속삭였다. "엄마 사랑합니데이~ 수고 많으셨습니다. 이제 모든 것 내려놓고 편안하게 쉬십시오." 잦아드는 엄마의 숨소리에 나는 껄떡껄떡 속울음을 삼키고 또 삼켰다.

내캉 살자 내캉 살자

넷째–성갑숙

새벽 어스름을 걷어내고 정지간에 들어선 엄마는
살강 밑에 오도카니 앉아있는 촛병을 끌어안고 어깨춤을 춥니다.

"내캉 살자! 내캉 살자!"

배가 볼록한 옹기 속에 막걸리가 찰랑찰랑 신호를 보내지요.

'그래요. 혼자 산다는 것은 속울음 삭이며 몸부림치는 거지요.'

고인 물은 썩어진다고, 막걸리도 허공에 떠도는 초산을 불러들이지 않으면 골마지가 끼인다는 것을 너무나 잘 알기에 몸부림을 치는 거지요.
내리내리 키워낸 자식들 제 갈길 훌훌 떠나가고
술 좋아하던 영감은 진달래 붉은 봄산 자락 베고 눕더니
술보다 더 걸걸한 세상을 만났는지 소식 감감하고

해마다 주변 사람들도 그곳으로 향하네요.
큰집 씩실댁 형님도, 딤바람댁 형님도
앞집 한실댁도, 뒷집 국동댁도, 옆집 간동댁도
이제 막걸리 먹고 얼시구! 어깨춤 나눌 이도 없으니
촛병에나 가득 부어 니캉 내캉 흔들어 보는 거지요.

당신이 하늘입니다
− 어머니 편지글에 대한 답신

넷째−성갑숙

어머니, 답신 늦었습니다.
딸 다섯 시집 보내놓고 마음 놓을 수 없어 연필을 드셨군요.
난생처음 받은 어머니의 서신이라 당황스러웠습니다.

일제시대 소학교를 다니다 막살한 어머니,
곧은 지침은 약이 되었다가 독이 되었다가
마침내 어른을 만들었습니다.

'시부모님을 정성껏 모시고 남편을 하늘같이 높이어라'
하신 당신, 당신은 하늘을 정녕 높이었고,
지금도 높은 곳에서 평안하신가요?

층층시하 열 식구 배고플 때,
술 골병에 노름하느라 주막에 앉아
허랑 세월 보내기도 한 당신의 하늘을 끝까지 높혀지던가요?

수아외오복라

무령치새원이라 너을불네
녓고서 주야 마음보이기 안코서
아가 너의 팬지 봉 향으
로 반갑다 이곳은
면곳예서 너의 내외
염려 해주는 력 분예
택베두루 안과 하오니
다행이로다 년이나
라 양사 롤계서 한번 간서
가서는 기궁굼해다
그림 의서 방시 내가시
소번 한번 안서 가기을
바란라

너의에비는
사외딸글을 삼
못하굿라
거리고 수아 신키는
친정부모는 별기하고
시부모남을 정성굿
모사하라
거리고 남편을하는
갓귀놉회로와라
너의내외 욱채
건강하기소원이라

앞서 걸어가신 혹독한 가시밭길을
딸들에게 걷게하시고 진정 깊은 잠이 오던가요?

압니다 어머니, 주야 마음 놓지 못하심을 압니다.
그러나 딸 다섯 모두 지금 어른이 됨도 아시리라 믿습니다.

부디 그 세상에선 당신이 하늘로 높이우기를 빕니다.

효부 엄마

다섯째–성지윤

우리 엄마는 딸들에게는 한없이 엄하고 단호하고 또한 무서웠습니다. 그러나 시어른께는 참 효부였습니다.
다른 숙모들도 꼼짝 못하도록 맏며느리로서 도리를 다한 것 같습니다.

할매 중풍 삼년 연거퍼 할배 중풍 삼년을 대소변 다 받아내고 더불어 돌아가신 후 각 일년씩 빈소에 상망까지 다 하셨습니다.

매일 따뜻한 밥을 빈소에 올리고 초하루, 보름엔 상복을 입고 곡을 하였습니다.
자주 하시다 보니 때론 감정없이 형식적으로 할 때도 있지만 어떤 땐 설움에 북받쳐 혼자 실컷 곡을 할 때도 있었습니다. 나는 그런 엄마의 뒷모습을 가끔씩 보았습니다.

어느 날 엄마가 곡을 실컷하고 돌아섰더니 외갓집 온 어린 외손주들이 세워둔 지팡이를 짚고 전부 '아이고오– 아이고오–' 하면서 흉내를 내고 있었습니다.

　울 엄마 얼척없고 황당하여 그냥 웃어 버리고 말았습니다.

　장성한 외손자들은 당연히 효자가 되었습니다.

출생

둘째 — 성재선 · 피난둥이
셋째 — 성유정 · 시베리아에 던져놔도 살아올 가스나
넷째 — 성갑숙 · 우짜노?
다섯째 — 성지윤 · 생일 / 개명

피난둥이

둘째-성재선

　울엄마가 내 낳은 해에 6.25 전쟁이 났어요. 낙동강 근처에 비행기가 날기 시작하니까 배가 남산만한 엄마는 태산같은 천왕산 고개를 넘어 청도면 어느 제실로 들었다요.
　피난 온 사람들이 어찌나 많은지 엄마는 부엌 바닥에 쪼그리고 앉았고, 날은 어두어지고 빨갱이들이 온다고 불도 켜지 못하고 있는데 산통이 왔다요. 엄마 말로는 두번 용 썼더니 아가 나왔다요. 또 씩잖은 가스나를 낳았지만 할매가 산모국을 끓이야 한다고 서두르니까 사람들이 깔고 앉을 자리도 내주고 했다요.

　머잖은 곳에 고모가 살고있지만 아직 신혼이라 시가 눈치보여서 못 가고 제실 고지기한테 사정을 했다요.
　천지가 굶은 사람들인데 묵을기 귀하다고 배추잎이라도 내어주더랍니다.
　된장 풀어 배춧국을 끓이놓으니 설사 심한 네살된 히야가 널컹널컹 먹고 설사가 멈췄다요.

그래 이레만에 집에 온다고 천왕고개를 넘는데 핏덩이는 엄마가 업고 히야는 할매가 업었는데 할매는 다 올랐는데 산모가 못 오르니 할매가 궁디를 밀어올렸다요.

산모 고무신 안에 피가 한 신인데, 그때 씩찮은 가스나 바구 밑에 꼭 찡가뿌고 싶을낀데 울할매 울엄마는 그러지 못하고 왔다요.

더러 노인과 아이들을 많이 버리고 가는 기 보였다요.

그때 울엄마 내 때문에 몸조리 못하고 그래서니 우째 안 아푸겠어 살아서 평생 그 은혜 못 갚지. 가까이 살며 밤중에 아프다고 몇 번 불러간 짓 뿐이고, 사위 공서방 저세상 가고나서는 밤중에 내 혼자 무서운 줄 모르고 뛰어갔다마는 덕분에 내가 간을 키운거라. 지금은 간 크게 혼자 잘 살고 있어.

◈ 뒷 이바구 ◈

막내 : 드디어 대작이 나왔네?

셋째 : '피난둥이' 이 작품 나오기를 기다릿다.

넷째 : 내가 엄마한테 물어봉께? 대포소리는 꽝꽝 울리지. 두 번 용 쓴께 아가 나왔다고 하더라. 그나마 산통이 없어 다행이지.

둘째 : 내 고향은 밀양 어느 웅동이 거기에 태를 넣었다고 할매가 말했어. 고모집 가까이 사니까 한 번 가보자 하더만 아직까지 못갔어.

넷째 : 태를 웅덩이에 빠졌다꼬? 그래서 히야가 우포늪 뻘구디로 시집 가서 살았나보다.

막내 : 말 되네

둘째 : 우짜겠노? 그기라도 빠자야지. 할매 살았을 때 따라가 봤어마 어딘지 알낀데

막내 : 히야 니가 빠진 기분인갑네? 하이고 눈물 나네-

막내 : 그럼 나는 어디 갖다 묻었능고? 촌에 살다가 도시에 살다가 바다로 왔다가 도대체 어딜꼬?

넷째 : 납골당에 가서 엄마한테 물어봐라. ㅠㅠ 에고 에고 히야들아, 아침마다 우리를 와 울리노?

막내 : 우씨! 아침 다뭇다

시베리아에 던져놔도 살아올 가스나

셋째-성유정

정월 초닷세,
언니 두 명을 둔 나는 셋째딸로 태어났지요.

아들을 바랐던 우리 엄마는 정초에 가스나가 나왔으니
 어른 앞에 볼 낯 없어 산고의 아픔도 잊은 체 망연자실하셨다더군요.

 그래서 모진 맘을 먹었다지요. 핏덩어리를 그냥 포대기에 똘똘 말아 냉골 웃목에다 밀쳐 덮어놓았다지요.

 그때 할매가 들어오다 보시고는
"죄 받는다." 하시며 벼락을 치셨답니다.
 이 세상에 태어났다 울음 한 번 터뜨리지 못하고 눈 감을 뻔한 셋째 손녀를 구한 우리할매 선견지명 대단하십니다.

 셋째 손녀가 고추밭에 터 팔거라는 걸 그때 벌써 아신 것입니다.

엄마가 모질게 꾸중을 할 때는 "너무 머러카지 마라 가는 시베리아 벌판에 던져놔도 살아올 아다." 하시던 할머니

지금도 삶이 힘들 때마다 할머니의 그 말씀 떠올리며
시베리아 벌판에서 살아나올 용기로 살고 있습니다.

우짜노?

넷째-성갑숙

"엄마, 내가 태어난 시는 몇 시이고?"

결혼은 선택이 아니고 필수였던 시절 나는 맞선을 보러 끌려다니다가 점쟁이를 찾아가 물어볼까 생각했다.

그런데 한참을 돌아앉아 생각하던 엄마가 난색을 했다.
"하이고, 참 얼척없네. 니 생일이 구월이제? 몇 시에 낳았는지 생각이 안 난다."
"참말로 얼척없네. 아 낳을 때 얼매나 아팠을낀데 우째 그 생각이 안 나노?"
"가만이 있어봐라 선이는…? 식이는…? 정말 안 생각킨다. 하이고마 모르겠다."

그래, 가스나가 한 둘이 아니고 다섯이다. 까지것 하나쯤 생년을 모른다 치자 그라마 궁합을 볼 수 없으니 시집도 못 가겠다.

생일

다섯째-성지윤

나는 음력 칠월 삼복중에 태어났습니다.
오자매 막내였으니 정말 지겨운 존재였을 겁니다.
그러나 나는 본능적으로 존재의 가치를 보일려고 나름 노력하며 컸습니다.
생일은 다가오는 한 달 전부터 손을 꼽으며 기다렸습니다.

칠월 열 나흗날,
엄마는 찹쌀에 팥을 섞어 큰 밥그릇에 고봉으로 퍼담고 소금단지에 묻어 둔 귀한 갈치 중간 토막 하나를 구워 접시에 따로 담아 줍니다.
이것이 내 생일상입니다. 나는 그날만큼은 아무것도 바랄 게 없었습니다.

아침에 먹고 남겨둔 찰밥과 갈치는 오봉에 담아 장독 위에
올려놓고 실컷 놀다가 와서 또 퍼먹고 이렇게 저녁까지 찰밥과 갈치는 아껴 아껴 다 먹어 치우는 걸로 생일행사는 끝이 납니다.

온 식구가 내 밥그릇을 넘보지 못하는 날입니다.
 이 행사를 무려 십 년 이상은 했으니 대단한 막내 가스나였습니다.
 울엄마는 나를 시집 보낼 때 '생일은 꼭 챙기게' 라고 이서방을 붙들고 당부했습니다.

 지금도 나는 생일날이 제일 신나는 날입니다.
 갈치 꼭 구워 먹으라는 오자매 언니들한테 축하 인사를 받는 날입니다.

개명

다섯째-성지윤

내 이름은 꼭숙이었습니다. 막내인 나에게 '꼭'이라는 이름자를 붙였을 땐 아들을 바라는 희망이 담겼거나 단산의 염원이 담겼겠지요.

꼭숙을 호적에 올릴 땐 좋은 뜻을 담아 고을 '곡' 맑을 '숙' 세상에 하나밖에 없을 것 같은 이름으로 열심히 살았습니다.

남들이 본 이름을 두고 '꼭끼야!' 놀려도 부모님 생전에 한 번도 불만을 해본 적이 없습니다.

육십이 다가올 무렵이었습니다.

이제 부모님도 안 계신 친정 동네를 갔더니 '꼭숙이, 꼭끼야 왔나?' 하는데 어딘가 허전했습니다. 이름이 가벼워서도 촌스러워서도 아니고 할 일을 다 한, 쓰임을 다한 이름 같았습니다.

환갑을 맞아 제일 먼저 개명을 하기로 했습니다. 곡숙이를 '지윤'으로 철학관아저씨는 내게 새 희망과 염원을 안겼습니다.

대법원 개명신청서에 개명하게 된 이유는 '상대에게 내 이름을 알릴 때 상대가 한 번에 알아듣지 못하고 꼭 다시 묻는다' 라고 적었더니 남들은 두세 달 걸려 판결이 난다는데 나는 한 달도 안 되어서 인정판결을 받았습니다. 사실이었으니까요.

60년 살면서 벌려 놓은 게 얼마나 많은지 휘파람 불며 다 바꿨습니다.

나는 성지윤입니다.
훗날 저승서 부모님을 만나 못 알아봐도 할 수 없습니다.
지금이 중요합니다.
맨몸으로 이 세상에 왔다가 이름이라는 옷을 입고 평생을 산다고 합니다. 나머지 삶이 억수로 궁금합니다.

궁민핵교

넷째 — 성갑숙 · 서러운 넷째딸
둘째 — 성재선 · 외할매한테 붙잡힛다
셋째 — 성유정 · 눈물겨운 소풍
다섯째 — 성지윤 · 사천왕 앞에서 식겁했다 / 학예회

서러운 넷째딸

넷째-성갑숙

교실이 3칸밖에 없던 창남국민학교 일학년 때,
박영숙선생님은 야외수업을 자주 나갔다.
학교 근처 큰 정자나무 밑에서의 국어시간
"쿵더쿵 쿵더쿵 떡방아 소리가 들립니다. 설날이 다가왔습니다."
선생님을 따라 큰소리로 책을 읽고 있었다.

때마침 읍내 장에 가시던 엄마가 정자나무 그늘에 쉬어가게 되었다. 선생님의 목소리는 더욱 커지는데 내 목소리는 자꾸 기어들어 갔다.

내 교과서는 4살 위 오빠가 읽던 책이다. 오빠 책은 다시 동네를 돌고 돌다가 내게 오기까지 표지도 내지도 십여 장 찢겨나갔으니 돌가리 푸대에 손글씨로 써 붙인 것이다.

그러니 친구들 책에 있는 그림, 색동옷 입고 아이들이 떡방아 찧는 그런 것이 없다. 글씨도 오빠가 연필로 썼는지 희미해서 알아보기 어렵다.

뒤에서 엄마가 보고 있는데 서러움이 북바쳐 목울대가 꽈악 차올랐다. 그러나 눈물을 참고 국어시간을 잘 넘겼다.
오늘날까지 세상사 어렵고 서러운 일 많지만 어린시절 다져진 내공으로 잘 참고 살아왔다.

외할매한테 붙잡힛다

둘째-성재선

창락학교 가는 길 용시기에 외갓집 있는기
좋으민서 안 좋은 거도 있다.
외갓집은 외삼촌이 나락 장사해서인지 잘 살았다.
그래고 제사가 많았는데 제사 지낼 때마다 외할매가
학교 갔다오는 히야와 나를 붙잡으로 냇가에 나와 기다릿다.

3학년 때 그날 사 나는 혼자 붙잡힜다.
제사 음식 먹일라고 겟지 싶어. 안 갈라 캉께
"니 히야도 나중에 올끼다." 하길래 따라가서
맛있는 거 많이 묵고 기다리도, 해가 지도, 히야가 안 와서
나는 울고 외할매는 꾸지람했다.

지금 생각해도 내가 어리석었지.
그래 날은 어두어지는데 나는 집에 간다하민서
돌고개로 길 따라 혼자 집에 왔는데 내가 왜 그랬을까 바보같이.
그때 나는 내 혼자 두고 우리 식구 모두 피난 간줄 알았다.

캄캄한데 집에 돌아와서 할매하고 엄마한테 꾸지람 많이 들었다.

그래고 나서는 외할매 만나면 또 가자 하까싶어
외갓집을 피해 양달용시기로 돌아다녔다.
외할매는 큰딸인 우리엄마를 가난하고 식구 많은 집으로
시집을 보내놓아 걱정이고 가스나들 배 골릴까봐 그랬을 낀데
참 어리석었제.

지금 생각해보이 외할매도 외숙모도 우리늘한테 참 잘했다고
생각해.

눈물겨운 소풍

셋째-성유정

국민학교 육년 동안 소풍은 세 번 정도 간 것 같애.
육남매 중 서너 명은 한꺼번에 학교를 다녔기 때문에 엄마가 모두를 보내주지 않았거든.

나는 삼학년 땐가 소풍을 가게 됐는데 그날만은 도시락도 쌀밥이지. 용돈 삼원도 받았지. 기분이 참 좋았어.

소풍 장소로 간 낙동강변 모래밭에서 도시락도 맛있게 까 먹고 보물찾기도 했어.

무엇보다 엄마가 준 용돈 삼원으로 무엇을 살까? 행복한 고민을 하다가 일단 삼각 오렌지물 하나 사 먹었어.
그리고 내가 평소 먹고 싶었던 쫀드기를 살까하다가 나머지 돈으로 사탕 몇 개와 사과 하나를 사 버렸어. 갑자기 할배와 할매 생각이 난 거야. 귀한 것이라 할배, 할매가 좋아하실 거 같았어.

나는 쌀밥 다 먹고 난 빈 도시락을 보자기에 싸고, 보자기 한 자락에 사탕을 꽁꽁 싸고, 또 한 자락에 사과를 꽁꽁 쌌어. 할배, 할매한테 칭찬 받을 생각을 하니 어찌나 기분이 좋은지.

도시락 보자기를 빙빙 돌리고 껑충껑충 뛰기도 하면서 집에 도착하고 보니 사과와 사탕은 다 날아가고 빈 도시락만 손에 들려 있더라고.

정말 눈물이 날 정도로 속상했어. 할배, 할매한테 칭찬 못 받은 것이 더 속상했어.

사천왕 앞에서 식겁했다

다섯째-성지윤

국민학생 머서마 하나가 부처님앞에 머리를 조아렸습니다.
　천년고찰 관룡사로 수학여행 갔다가 사천왕 심기를 건드린 것입니다.

　창녕읍내에서 버스로 옥천까지 이동한 6학년 전체 약 80명이 관룡사에 도착했습니다.
　담임선생님께서 앞장서시고 계곡을 몇 번 건너 관룡사에 도착하니 절 입구에 칼·용·창·비파를 든 무섭게 생긴 사천왕이 나타났습니다. 어찌나 무섭던지 우리는 입이 뜨악 벌어졌습니다.

　다들 지은 죄도 없으면서 움추리고 조심조심 걸어 들어가는데 우리반 급장은 호기심이 발동했습니다.
　들고 있는 나무칼은 튼튼한가? 하고 폴짝 뛰어 건드렸습니다.
　순간 사천왕의 칼이 톡 부러져서 바닥에 떨어졌습니다.
　순진한 아이들은 급장을 향하여
　"아이 — 구우! 니 언자 벌 받아 죽는데이 —"

야단도 아니었습니다.

 덩달아 파랗게 질린 담임선생님은 급장을 데리고 큰 법당에 들어가 용서해 달라고 손이 발이 되도록 빌었습니다.

 오십년이 지난 지금도 급장은 동창들에게 놀림 받고 삽니다. 정말 죽을 때까지 벌을 받고 살 것 같습니다.

학예회

다섯째-성지윤

창남학교 학예회 날입니다.
강당이 따로 없어 손님이 많이 오시는 행사에는 5학년 6학년 교실의 벽이 뻥 뚫리고 무대가 설치됩니다.

6학년 교실에는 무대를 꾸미고, 5학년 교실엔 주요 내빈과 학부형들이 앉아서 관람을 하셨습니다.

저학년인 나와 6촌 충식이의 학부형은 단연코 두 할매였습니다.
충식이는 공부도 잘하고 똑똑하여 웅변을 하고, 그림을 잘 그리는 나는 대형 칠판에 분필로 큰 호랑이 토끼 돼지 등 동물그림을 그리게 되었습니다.

담임 하서경선생님은 매일 매일 연습을 시켰습니다.
무대가 열리고 내빈이 내 눈앞에 확 들어왔습니다.

그런데 수많은 내빈의 중간쯤에 우리할매 어붕골띠기와 큰집할매 국굴띠기가 푸름한 회색빛 한복을 입으시고 긴 담뱃대를 들고 덩실덩실 춤을 추고 계셨습니다.

"우리 솔여(손녀)가 그림을 얼마나 잘 그리는지 좀 보소?" 하면서
 나는 두 할매의 응원에 힘입어 열심히 연습했던 동물을 대형칠판에 단번에 그려버렸습니다.

우레와 같은 박수가 터졌습니다.
 아무 정신이 없이 무대에서 내려오면서도 나는 푸름한 회색빛 한복을 입은 우리 할매의 목소리를 들었습니다.
 "아이구! 내 강새이…"

서리

다섯째 — 성지윤 · 기가 막힌 파서리 / 나쁜 히야들 /
19금 마지막 행사
둘째 — 성재선 · 연애도 서리할 수 있으미
셋째 — 성유정 · 놔라 놔라

기가 막힌 파서리

다섯째-성지윤

틈이 숭숭 벌어진 정지문 안에서 불빛이 새어나오고, 동네 언니들 몇몇 모였습니다. 각자 집에서 밀가루 한 띠비 퍼고 땜뿌라기름 조끔하고 모다놓고 뭔가 큰 작당을 합니다.

메뉴는 파전입니다.

장고만대이로 나무하로 가셨던 아부지께서 '산밑 풍조뜩 밭에 맛나게 생긴 쪽파가 있다'고 슬쩍 정보를 흘리셨습니다.

행동대원은 단연코 막내들이었습니다.

칠흑 같은 밤이었습니다.

막내 필이와 나는 소쿠리와 후라시를 챙겨들었지만, 동네가 훤히 보이는 위치라 불빛을 낼 수 없었습니다.

어둠 속에 길도 없는 깍단을 막 기어올라 쪽파가 심겼을 법한 밭에 도착해서는 작전을 폅니다.

필이가 '하나! 둘! 셋!' 하고 후라시를 켰다가 끄면, 나는 잽싸게 파의 위치를 파악하고 냅다 잡아 뽑고, 또 '하나! 둘! 셋!' 하고 켰다가 끄면 파를 잡아 뽑고, 참 야무진 가스나 둘은 그 와중에도 표시 안 나게 파를 골고루 솎아내서 한 소쿠리 들고 내려왔습니다. 가시덤불에 훑키서 다리에 피가 철철 나도 아랑곳 않았습니다.

언니들은 정지바닥에 앉아 눈물을 쥐어짜며 일사천리로 매운 파를 까고, 씻고, 밀가루에 소금간하여 반죽하고 꿉어댑니다.

어찌나 맛있는지 누가 하나 잡혀가도 모를 지경입니다.

이런 작전을 실행하는 날은 집안 어른, 아이, 모두가 한통속이 되어 입을 딱 봉합니다. 집안 올케인 파주인도 눈을 질끈 감아 줍니다.

서리는 참 훈훈한 문화입니다.

나쁜 히야들

다섯째-성지윤

나와 필이는 막내라 그런지 두 집 언니들의 꼬붕 노릇을 했습니다. 궂은 일을 댓가 없이 해야하는 행동대원이었습니다.

옥수수의 푸릇한 수염이 누릇누릇 마를 때쯤 언니들이 우리 둘의 머리에 큰 대소쿠리 하나씩 씌우고 토옥골로 내 보냈습니다.

달이 환한 밤이었습니다. 필이네 집 뒤 좁은 길을 조금 걸으면 희찬이네 대밭이 나옵니다.
낮엔 훤히 들여다보이는 시원한 곳인데 달밤의 대밭은 조그만 우리 둘을 잡아 삼킨 듯 무서웠습니다.
눈을 감고 귀를 막고 순식간에 지나갔습니다. 정신을 차리고 눈을 드니 뒤까새 아래 희한한 광경이 눈에 들어옵니다.

뭔지 모를 허연 물체가 공중에서 바람에 흔들흔들…
전설의 고향에 나오는 처녀귀신인가?

토옥골의 달밤은 이 세상이 아닌듯 했습니다. 엎어지고 자빠지고 콩당거리는 가슴을 붙들고 호동띠기 밭에서 강내이를 꺾는데 그 소리 또한 대단했습니다.

"빠지직!"

하나 꺾고 주저앉고,

"빠지직!"

또 하나 꺾고 주저앉고,

그날 밤 강냉이 꺾다가 두 가스나 심장이 다 오그라 붙어 삶은 강냉이 얻어 묵었는지 안 묵었는지 기억도 안 납니다.

다음날 환한 대낮에 토옥골에 올라 확인해 보니 지난밤 허옇게 펄럭인 귀신은 숙자네 밭에 새를 쫓기 위해 막대기에 꽂아둔 비닐쪼가리였습니다.

◈ 뒷 이바구 ◈

오자매가 책을 내기 위해 오늘도 단톡방에 모였다. 제일 부지런한 막내는 밤새 또 한 편의 글 '나쁜 히야들'을 써 올렸다.

넷째 : 히야들이 옥수수 좀 안 주더나?
막내 : 쪼매이
둘째 : 아니 옥수수는 누가 꺾어 오라 했노? 우린 생각 안난다.
막내 : 히야 너거들 감님이 하고
넷째 : 히야 신경 쓰지마라. 막내들은 지꺼 다 챙기고도 원래 불만이 많다.
둘째 : 밑에 너거 둘이는 중학교 때까지만 집에 일했지. 우리는 시집 갈 때까지 엄마 밑에 살면서 일했다.
막내 : 으이구! 나는 시집 갈 때까지 소믹이로 댕깄다. 주말에 집에 오며
둘째 : 저거 우짜다가 나무도 쪼매 해놓고 얼매나 핸 것처럼 우리는 쪼맨할 때부터 시집갈 때까지 머리 이고 구부릇다. 그래고 시집 와서 또 했지. 그래서인지 지금도 목고개는 4번 5번이 붙었다고 해서 조심하미 살고 있다.
막내 : 우짜라꼬 배째!

―― 한참 있다가

막내 : 잔히야 삐낀나? 히야 너거 시집 가고도 중학교 고등학교
　　　댕길 때도 겨울방학 때 우리도 나무 억수로 했다. 떨어
　　　지는 깔비가 없어서 쌩소나무를 뚜디리 털어서 끓었다.
둘째 : 안 삐깄다. 그런 거 가꼬 삐끼겠나? 밥 얻어 물라카마
　　　안하고 되더나?

―― 영리한 막내 화제를 싹 돌려서

막내 : 옛날 처객 물 씩운 얘기 좀 해바라이
첫째 : 온 동네가 물바다가 됐다
셋째 : 몬산데이-

19금 마지막 행사

다섯째-성지윤

자정이 가까워지는 시간, 씨암탉주인 모실댁은 불도 없이 사땀을 뒤졌습니다.

온 동네가 잠든 시간 불 켜진 딱 한집을 발견하고 골목 쪽 사랑방 문에 귀를 기울였습니다.

"저거 한 마리로 택도 없다." 라는 목소리를 듣고 바로 대문 두 짝을 박찼습니다. 열린 대문은 부모님이 외출하고 안 계신 분터 문호네 집이었습니다.

뜨거운 열아홉 청춘, 머스마 가스나들 스무 명 정도가 모였던 겁니다. 닭서리 행동대원 농고 출신 빛 병이 사땀을 뒤지다가 넘어땀 젤 큰 어르신 모실댁 큰 씨암탉 한마리를 데려와 목을 비틀어 마당의 나락뒤지에 던져 넣고 의논 중이었습니다.

마당에 머스마들을 다 꿇어 앉히고 대표 한 명 귀싸대기를 때렸습니다.

안방 창호 문구멍으로 이 광경을 지켜본 가스나들은 옷장,

이불장 안으로 깜깜한 다락으로 숨다가 촛대뼈가 까이고 아수라장이었습니다.

그때 돈으로 오천 원 물아주고 머스마들이 닭털을 뽑았습니다. 새벽이 올 무렵 안방과 부엌 사이 작은 문이 열리고 빨간 국물이 담긴 큰 양푼이가 숟가락을 좌악 걸치고 쑥 들어왔습니다.

열 아홉 범띠들의 마지막 행사였습니다.
나는 그날 닭고기 한 조각, 목구녕으로 넘겼는지 못 넘겼는지 기억이 안 납니다. 절대!

연애도 서리할 수 있으마

둘째-성재선

우리는 생긴 기 몬나서 그랬는가 연애도 한번 몬해 봤는기라
그런데 넘이 연애하는 거는 우째 그래 잘 뵈는지

어느날 밤에 둘식이 집에 사땀 가스나 머스마들이 다 모이가
세무이 앞 늠어밭에서 캐온 감자를 삶아 묵기로 한기라
마침 둘식이 저거 엄마는 친정 가고 없고.

  서리해 온 감자를 둘식이집 뒤 대밭 앞 새미에 가서 가스나들이 깎고 씻고 깔깔거리면서 난리가 났는데 갑자기 대밭 쪽에서 돌멩이가 막 날라오는 기라.
  우리는 삼자 수인한테 들킸나 싶어, 막 구석에 숨고, 불을 끄고, 언자 죽었다 싶었지.
  그런데 알고 본께 이뿌고 잘 웃는 금ㅇ이를 좋아한 머스마가 그 밤에 세상에 엄청나게 먼 가마실까지 왔는기라. 금O이를 불러 볼라꼬 용을 쓰미 온갖 짓 다해 보다가 안 된께 막 돌멩이를 던진기라.
  아버지가 아무리 무섭어도, 오빠들이 버글버글해도 연애는 아무도 못 말렸던기라.
  몬 생긴 우리는 한 눈 감고 감자라도 무야지 우짜겠노.

놔라 놔라
― 개장골 귀신이야기

셋째–성유정

식구들이 둘러앉아 개장골 귀신불 이야기를 하다가 안가마실 산동댁 며느리 얘기가 나왔어.

여름밤에 그 집 식구들이 참외하고 수박이 먹고 싶다고 해서 개장골 밑에 있는 밭으로 며느리 혼자 갔대.

매일 다니던 길이지만 너무 무서워서
허겁지겁 참외 따고 수박 따서 광주리에 담아 이고
뒤도 안 돌아보고 솔밭길을 내려오고 있는데
자꾸 누가 뒤에서 광주리를 잡아당기더래.

그래도 너무 무서워 돌아보지 못하고
"놔라! 놔라!" 카민서 산을 내려왔는데
동네가 가까워지니까 무서움이 덜해

누가 잡아당기나 뒤돌아보니 수박이 덩굴째 광주리에 담겨 있고, 수박 줄기를 질질 끌면서 내려온 것을 알았대.
 길가 나뭇가지에 돌부리에 걸리니까 잡아당긴 것 같고 했더라면서 하하하.

혼인

첫째 ― 성정숙 · 요즘 세상 같으면 막살냈지
둘째 ― 성재선 · 내 남편 공장희 /
　　　　　　　　우리 부부끼리만 한 번 살아봤으면
셋째 ― 선유정 · 혼인이야기
넷째 ― 성갑숙 · 성이 뭐꼬
다섯째 ― 성지윤 · 그런 머스마를 어디서 만날끼고

요즘 세상 같으면 막살냈지

첫째-성정숙

내가 스무세살 되던 해에 중신애비가 다녀가고 맞선을 본기라. 작은 방에서 서른세살 노총각 신랑감을 맞아 고개도 몬 들고 있는데 기반 아지매가 한마디 하더라.
"전매청에는 운제부터 다녔능교?"
"서울서 다니다가 대구에 내려온 지 몇 달 안 됐십니다."
사랑방에서는 신랑감 직장이 좋고, 막내아들이라 혼사를 하자꼬 결정한기라. 딸 많은 집 개혼이라 조심스런 아부지는 이미 사성을 받고도 대구 전매청을 찾아 간기라.

그런데 전매청을 다 디지도 최씨가 없는거라. 다시 중신애비를 불러 받은 사성을 마당에 집어 던졌뿟지. 직장을 폭삭 속있다고.
다음날 그 최씨가 찾아와서 사랑방 문 앞에 무릎을 꿇고 비는데, 동네어른들이 모여 이미 사성은 받앗뿟고 웬만하면 혼사를 치러자꼬. 소문나면 시집도 몬 보낸다고.
여장부 엄마가 마굿간 앞에 서서 절통을 했다.
"저거 딸 가트면 보낼낑가? 절대 안 되지 안 되고말고!"

그러나 여자 말은 전부 무시됐다.

혼인을 치르고 시집을 갔는데 친정 말만 나오면 지 사성 집어던졌다꼬. 특히 친정엄마가 반대했다꼬.

꼬타리를 잡고 33년 나를 괴롭힜다. 날이 갈수록 손버릇 더럽고, 입정 더럽어지는데 나는 딸 많은 집 맏딸이라. 한 마디도 대적을 못했다. 내가 시집살이 막살내면 동생들 혼사에 지장이 있는기라.

그러니 참고 또 참고 원수같은 그 인간하고 사는데 그 내막을 속속들이 아는 친정엄마 미음은 어띡겠노?

"버들포기도 양지바른 물가를 찾아 심어야 잘 사는데, 우리 선이 아까버라. 아까버라."

통곡하던 우리 엄마, 엄마한테 나는 죄인인기라.

내 남편 공장희

둘째-성재선

공장희는 억수로 남자다운 사람이다. 덩치도 크고 건장했다. 우리 할배는 선 보로 와서 디딤돌 위의 벗어 논 공장희 신발을 보고 바로 결혼을 승락 했뿟다.

이마빼기 여드름이 바글바글하던 나는 멋도 모르고 우포늪이 있는 뻘구디기 대농가 맏며느리로 시집을 갔다. 일구디기 구불고 살면서도 삼남매를 낳았다.

공장희는 통도 억수로 컸다.
처갓집 가면서 술을 사도 댓병소주를 한 박스씩 사서 오토바이에 싣고 갔다. 친정 아부지는 그런 공서방을 엄청시리 좋아하셨다.
시집 와서 얼마 안 되어 처녀적 놀던 친구들이 히추한다꼬 초대를 했다. 공장희도 더 신이 나서 가겠다고 나섰다. 희추 분위기가 절정에 다다를 무렵 새신랑 공장희에게 노래를 시킬라꼬 난리가 났다.

장가 와서 새신랑방에서 들어본 노래 실력을 나는 이미 안다. 주지 넓은 공장희는 사양도 않고 노래를 불렀다. 어찌기 못 부르는지, 나는 부끄러워서 골방으로 숨었다.

공장희는 통 크게 살다가 육십갑자 한바퀴 돌아보고 통 크게 저 세상으로 갔다.
에이 — 문디…

우리 부부끼리만 한 번 살아봤으면

둘째-성재선

스물 세살 된 나를 물구딕이 맏며느리로 시집을 보낸 아부지는 메기가 하품을 하든지 말든지 집 앞 벌이 편편해서 속이 시원하더래. 사우는 든든한데, 시오마시가 거시다는 소문에 엄마는 예단을 빠진 것 없이 다 사 보내서 씨끄럽게 안 할라꼬 했지.

참말 듣던 대로 시오마시는 내가 친정 갈 일 생기도 티 뜯어 못 가게 하고, 둘째꺼 가질 때 묵고 싶은 사과를 몰래 이불속에 숭카놓고 묵다가 시동생한테 들킸는데 사랑방에 일러바쳐 난리를 쳤지.

참말로 부부끼리만 한 번 살아봤으마 싶더라.
그렇게 거신 시오마시는 큰아들보다 더 오래 살민서 누워 똥오줌 받아내게 하더니 죽을 땐 "니 내한테 욕봤다. 밥해 주고 똥 오줌 치우고 목욕시킨다꼬." 하민서 풀고 갔어.

혼인이야기

셋째-성유정

"키는 작아도 야무져서 됐다마."

스물 두살 때, 숙모님의 소개로 첫선을 보게 되었다.

그 시절만 해도 중매결혼이 많았고 부모님의 뜻대로 혼사가 정해졌다. 엄마는 나와 함께 선을 본 후 "남자가 키가 좀 작더라." 하며 결정 못하고 망설이셨다.

그러자 선 본자리에 안 가셨던 아버지가 "내가 한 번 보고오마." 하시며 셋째 사위감을 보기 위해 아침 일찍 부산으로 가셨다.

해 질 무렵 삽짝문 안으로 들어오신 아버지는 "마루에 상 내놔라." 하시며 축담으로 올라오셨다.

나는 너무 놀라 작은방에서 나오지도 못하고,

엄마는 "아이고 우짜고! 너무 쉽게 결정한 것 아닌교?"하며 눈이 등잔만해졌다.

아버지는 안주머니에서 꺼낸 사주단자(사성)를 척 올려놓고는 자초지종 얘기를 하시는데,

"회사 면회실에서 사위 될 총각을 만나 보니까 작으마한 사람이 어찌나 야무지게 보이는지, 더구나 안사돈 될 사람을 만나보니 딸을 보내도 고생은 안 하겠더라." 며 선도 안 보고 데려간다는 셋째 딸을 선본 지 한 달 만에 부산으로 시집 보낸 아버지.

아버지가 보신 대로 딸보다 키는 좀 작아 보이지만 부지런하고 야무진 셋째 사위다.

시어머니도 참 좋은 분이셨다.

입덧이 심해 힘들 때, 빵은 잘 먹는다는 얘길 들으시고 식구들 몰래 이불 밑에 매일 빵을 사다 넣어 주셨고

"며느리 둘은 내 보배인기라." 하시며 큰동서와 나를 참 많이도 아껴주셨던 분이다.

이만하면 우리 아버지 셋째 사위 선택은 잘하신 것 같다.

성이 뭐꼬

넷째-성갑숙

혼기에 든 내게 엄마는 다그쳤다.
"좀 못나도 양반이어야 된다. 천방지추마골피서방이 뭐꼬? 지서방도 파이고, 갈서방도 파이다."

그 당시 이웃 동네 의령에서는 우순경 총기난사 사건으로 한동네 주민 62명이 사망한 사건이 있었다.

일정 때 순사들이라면 치를 떤 세대라서 우순경사건은 경찰에 대한 부정적인 면을 더 키웠다.

그런 상황 중에
"성이 이가이고, 직업이 순사인 사람이 있는데?"
이리저리 선보러 끌려다니던 나는 총각 한사람을 소개했다.
그런데 의외의 즉답이 돌아왔다.
"이가라꼬? 그라마 됐다. 볼 것도 없다. 순사라꼬 다 거신 거는 아일끼다."

참 얼척없다. 번갯불에 콩을 볶기 시작했다. 양가 어른들이 만나 선을 보고 23일 후에 혼인 날짜를 잡았다.

대구에서 예물을 준비해놓고 가마실 집에 오니까. 마당에 덕석을 깔아놓고 동네 기반 아지매들이 모여 원앙금침 꾸린다고 야단이다.

"아이고 이서방하고 푹신 누우면 을매나 좋겠노?"

아지매들 호들갑을 피해 정지에 들어선 내게 엄마가 한마디 거들었다.

"내 꿈이 참 좋더라. 내가 큰 풍선을 타고 구름 위를 둥둥 떠 댕기더라."

그랬다. 엄마는 애연가였고,

엄마가 좋아했던 이서방은 귀한 담배를 상사때기로 헛장에 갖다 쟁여놓고 장모를 기쁘게 했다.

딸 많은 우리 엄마 잠시 뜬구름 위를 날았는지, 담배 연기 위를 날았는지는 모르겠다.

그런 머스마를 어디서 만날끼고

다섯째-성지윤

그 겨울 버스정류장에 막차를 타고 두사람이 모르는 사람처럼 내렸습니다. 집안 아지매는 나를 한번 쳐다보다가 뒤따르는 낯선 머스마를 쳐다보다가 갸우뚱하고는 종종걸음으로 앞서 들어가시고 하늘에 별은 총총 내 가슴도 총총, 총 맞은 듯 복잡한 밤이었습니다.
"에라이 모르겠다. 우째 되겠지."

집에 도착하니 다행인지 엄마는 부산 가시고 아부지는 방문을 열고 눈이 휘둥그레져서 내 뒤에 서 있는 낯선 머스마를 향해
"춥다 일른 들오게."
우옛튼지간에 큰절을 넙죽해 버렸고, 엉겁결에 아부지는 절을 받아 뿟습니다.

내 나이 스무살, 그 머서마 스물 두살, 겨울 방학 고향 어느 전시회에서 꽃다발을 들고 나만 쳐다보고 서 있는 그 머스마를 보고 나는 '헉!' 기절초풍하는 줄 알았습니다. 가을에 미팅서 만난 머스

마가 서울서 내려온 것이었습니다. 돌아갈 차는 이미 끊겼고 어쩔 수 없이 우리집으로 가는 막차에 태웠습니다.

아부지께선 몇 가지 물어보시고는 입맛을 한번 쭉 다시고는 "먼 길 오니라고 욕봤다."며 작은 방에 군불을 때고

"자네는 이 방에서 자게." 하시고 사랑방으로 내려가셨습니다.

나는 큰방에서 기가 차서 잠 못 자고, 그 머스마는 작은방에서 내 20년 과거 훔쳐보느라고 잠 설쳤고, 아부지는 사랑방에서 사주책자 피고 궁합 보느라고 못 주무시고

나는 '그게 아니라고' 손사래 쳐도 역사가 시작된 밤이었습니다.

이후 혼기 찬 막내딸을 두고 그 누가 뭐라해도 아부지는 "마아 됐다." 하시며 그 머스마의 졸업을, 군 제대를, 그리고 취업을 기다리며 무려 7년 동안 시집 가라는 말씀을 하지 않았습니다.

"그런 머스마를 어데서 만날끼고……" 하민서.

처객

넷째 — 성갑숙 · 처객 다루기
첫째 — 성정숙 · 얍삽한 처객
둘째 — 성재선 · 뭐, 이런 동네가 있노
다섯째 — 성지윤 · 쥐객이 된 처객

처객 다루기

넷째-성갑숙

가마실골짝으로 장가 든 새신랑에게는
혹독한 통과의례가 있었다.

고이 키워놓은 딸을 시집보내려니 억울해서 일까?
아니면 새신랑의 남자다움을 시험해 보려 했을까?
아무튼 집집마다 혼사를 치루고 나면
새신랑 다루는 소리가 왁자했다.

우리 큰형부가 당한 것은 내가 국민학교 저학년 때다.
동네 청년들이 광목 끈으로 발목을 묶어서 거꾸로 들고
몽둥이로 발바닥을 때리면서 노래를 시키는데 큰형부는
"도라지 도라지 백도라지—."
열 번을 때려도 그 노래밖에 못했다.

그다음 의례는 새신랑한테 물 덮어씌우기다.
기반 처제들과 질녀들이 의기투합해서 만반의 준비를 했는데 꾀 많은 큰형부가 안방으로 뛰어들어가 할매 뒤에 숨었다.
아무리 불러대도 할매를 볼끈 끌어안고 나오지 않았다.

할매 또한 맏손녀가 귀하듯
손부가 어찌나 귀해서 내어줄 생각이 없었다.

그날 큰형부에게 물세례는 실패했다.
사실 처객이 물바가지 덮어쓰고 덜덜 떨어주어야
재미있을 건데 말이다.

얍삽한 처객

첫째—성정숙

어느 해 겨울엔가, 우리 동네 처객들이 모잇다.
부산에 양서방, 안감실 영자 히야, 한서방, 서가정 김서방 이래 모잇는데 처재들이 모여 물장난을 시작했다.
꼭시 히야하고, 옥수, 밍년, 정순이, 나 이렇게 한편이고
처객 형부들이 한편인기라.

겨울이라 물이 귀해서 도랑에 얼음을 깨고 얼음물을 덮어씨앗는데 양서방이 토깐이처럼 빨라서 당해낼 수가 없어.
그러니까 기반 올케히들이 나서서 우리들을 도왔지.

그런데 끼 많은 양서방이 양다리를 걸처서
우리한테 속닥속닥 도와주겠다고 한서방 골탕 먹이라꼬.
우리를 담부랑 뒤에 숭카놓고 양서방이 한서방을 불러서 오면 우리는 물바가지를 확! 세리 퍼부었지.
저거들이 한편인데 그날 한서방은 양서방 때문에
물 디기 많이 둘러썼다.

우리는 양서방한테 물 한 번 퍼 부어볼라꼬
세수대야에 재를 타서 준비했는데
길게 땋은 머리채가 잡혀 죽을 뿐 했다.
머리채를 오다쥐고 등허리 얼음을 수씨넣고 도망가는데
아무도 못당하겠더라.

그렇게 추운겨울에 벌벌 떨민서 담을 뛰넘고,
온 동네를 숨어다니면서
집집마다 마룻바닥까지 온통 물바다로 만들어놔도
누가 썽내지도 멀카지도 않고 참말로 재미있는기라. 참말로

뭐, 이런 동네가 있노

둘째-성재선

대밭 밑에 창근 오빠 사촌동생 유어 사는 이점이라고 시집을 갔어. 신랑은 어리고 옛날부터 내려오는 가마실 풍습을 모르고 장가를 왔어.

큰집이라고 찾아 온 어린 새신랑에게 인사를 다하고 우리 또래 다섯이 모여 궁량을 했지.

문쥐처럼 붙어 물을 퍼부었지.

그런데 어린 신랑이

"뭐 이런 동네가 다 있노?" 카민서 오해를 해 가지고 썽이 많이 난 거라. 장난인 걸 생각도 못했는기봐.

우리 딸네 다섯 중 금숙이가 붙잡혔지. 막 궁댕이를 차고 있는데 어른들이 구경한다고 따라댕기다가 마침 딘바람 아지매가 발견을 하고 딸 쥑인다고 난리를 쳤어. 어느 누구든지 붙잡히기만 하면 죽일라고 달라들어.

그 후로는 다시 물장난은 안 하기 했어.

취객이 된 처객

다섯째-성지윤

신혼여행에서 돌아오는 날은 봄비가 촉촉이 내리고 있었습니다. 새신랑은 말끔한 양복을 입고 각시는 고운 한복을 뺕아 입고는 조금 긴장했습니다.

그 누가 새신랑을 우째 다룰랑가 기대하면서 대청마루에 올라서니 많은 친척들이 가운데 세웠습니다. 기다렸다는 듯 장모가 나서서 등을 쓰다듬는 의식을 치렀습니다.
"우옛든동 자 — 알 살아래이."
막내 처객이라 다룰 인물들은 모두 나이 든 처남들과 먼저 장가 온 동서들 뿐이었습니다.

그 양반들은 장모가 담은 동동주로 새신랑을 괴롭히기 시작했습니다. 좀 안 통한다 싶었는지 치사한 수법으로 큰 바가지에 동동주를 한가득 부어서 무기 들이대듯 들이밀었습니다. 이미 취기가 오른 새신랑 사양 않고 벌컥벌컥 잘도 들이켰습니다.

입에 짝짝 달라붙는 장모의 일품 동동주가 목줄기를 타고 다 넘어가는 순간, 세상이 달라지는 걸 감지한 새신랑, 정신줄을 부여잡고 집 밖으로 피신했습니다.
한참 지나도 돌아오지 않는 새신랑을 찾아 각시가 나갔습니다. 칠흑 같은 어둠 속, 간동댁 밭머리에 감나무를 부여잡고 하소연하고 있는 취객을 발견했습니다.

진흙탕 위에 그대로 드러눕기 일보 직전 끌어안고 방에 들였더니 뻗어버렸습니다.
뒤따라 온 장모가 소리쳤습니다.
"아이 사람들아 사람 쥑인다 고만해라!"
장모표 동동주에 'KO' 당한 취객을 장모의 한마디로 살려냈습니다.

첫째 **성정숙** 글

함박산에 물도 먹고 뽕도 따고
고마운 밍구아재
땔감 사방잎사구
끌박아서 미안하기는 한데 2
히추

함박산 물도 먹고 뽕도 따고

해마다 사월초파일날은 함박산으로 가는데 집에서 삼십리라.

옥색 나야가라 치매에 뽀뿌링 저고리를 비라 입고
동네 가스나들이 모여갖고 오빠들을 따라갔지.
기반 오빠들이 우리를 델꼬가니까 어른들이 보내주는 거라.

한 줄로 나래비를 서서 장꼬만대이를 넘어,
늑대가 나온다는 등산이 지나,
을미골짜기를 내리서면 퍼런 보리밭길이 나오더라.
울긋불긋 양산을 쓰고 지나가면 을매나 좋은지.

그러그로 함박산에 도착하니 어마어마한 사람들이 줄을 서서
약수 한모금 받아 먹을라고 애를 썼지.
사실 그 약수가 먼 효험있는지는 몰라.
그냥 사람 구경하로 가는 거야.

돌아오는 길에 등산만대이 넙떡등에서 쉬기도 하는데.

그 넙떡등 솔나무밭에 어떤 사건이 있었대.

히힛! 기반 오빠 한 명이 이쁜 가스나 하나를 끌고 들어가는데 다른 오빠가 말기고 했다민서 배창시 골찼지.

에고 그 시절 그립어라.

고마운 밍구아재

우리 집 앞을 뱅 돌아 흐르는 도랑물은 빨래도 하고, 꾸룽내 나는 은행알도 주물라 씨껄 때는 참 좋다.

그라다가 여름만 되면 걱정이다.
장마가 지면 도랑물이 배꾸마당으로 자불자불 넘어오다가 안마당으로 드러왔뿐다.

어느 날 저녁답에 도랑물이 계속 드러와서 장독간에 단지도 마당에 둥둥 뜨고, 사랑방 소죽솥 부석에도, 통시에도 큰방문 앞에까지 물이 드러오는데 뒷집 밍구아재가 내려왔다.

집안에는 할배 할매하고 아이들 여섯이
뜨내리갈가 해서 하나씩 업어다가 자기집에 대리다 났다.
밍구아재집은 우리집 뒤에 높으당한데 있어서 물은 담지않는다.

터 넓어서 좋았던 그 집에서 이사 나왔지만, 어디서 집이 물 담았다고 하면 고마운 밍구아재 생각난다.

땔감 사방잎사구

나는 어리서 할매를 따라 나무하러 갔다. 가까운 산에는 동네 사람들이 좋은 깔비를 다 꺼무가뿌서 절골산 까풀막진 골짜기까지 올라갔다.

거기는 찰진 깔비는 없고 사방잎사구 떨어진기 많아서 모다놓으마 할매가 가마니에 씰어담았다.

가지고 간 가마니가 다 차면 꽁꽁 묶어서 산 아래로 구부랐다. 산이 가풀막져서 산 밑에 까지 또굴또굴 잘 굴러갔다.

사방잎사구는 가볍아서 산밑에서 이고 오는거는 어렵지않는데 불이 싸지않아서 금방 또 나무하러 가야했다.

끌박아서 미안하기는 한데 2

귀한 남동생을 업고 절꼴짜기에 픱기 뽑아로 가서 동생을 업은 채로 구부러졌다. 천금같이 키우던 남동생 눈썹에 큰흉터를 내고 엄마한테 꾸중 마니 듣고 집에서 후두끼 나갔다

히추

나야가라 뽀뿌링치마 저고리 차려입고
사땀 처녀들이 제실에 모이는 날,
고지기 박씨는 온 동네 돌아댕기면서 간장, 쌀을 거두어 밥을 해주었다.
허연 쌀밥에 미역국 끓이고,
미나리나물 무치고 사땀 처녀 30명 둘러앉아 실컷 먹고 나면
장구 치고 북 치고 제실 구들짝 내리앉도록 뛰어놀았다.

그러다가 뒷산 둥구산 만대이 뛰어올라
가마실 사땀 내리보고
고함 질러대는 과년한 딸들을 그날만은 눈 감아주었다.

그리고는 며칠 몸살 났지 아마

둘째 **성재선** 글

막내야 미안타
아까시아꽃이 필 무렵
용산 아재
재산 1호
끌박아서 미안하기는 한데 1

막내야 미안타

엄마가 막내이를 낳았는데 젖이 안 나왔다.

썩은 보리 삶은 물을 믹이 키웠는데
배가 고파서 많이 울었다.
내가 업고 삽짝 밖을 나서미 달개는데 자꾸 울었다.
썽이 나서 궁디를 꼬집었다.
막내이는 넘어땀이 떠나가도록 더 크게 울었다.

아까시아꽃이 필 무렵

아까시아 꽃이 만발하는 5월이 되면 생각난다.
아카시아 나무가 듬성듬성 섞인 대밭을 사이에 두고
위에는 작은 집, 아래는 남곡 아지매집
그 옆에는 우리집이 있었다.

그때는 배가 고파서인지 아카시아꽃을 많이 따 뭇다.
아카시아꽃을 많이 무마 거품 똥 싼다꼬
어른들이 꾸중해도 나는 나무에 기 올라갔다.

그때부터 내가 나무를 잘 탔던가 싶다.
내가 나무에 기 올라가 꽃을 꺾는데 밑에는 얻어 묵겠다고
동생 철식이와 작은 집 쌍둥이 동생 을식이와 쌍식이가
전부 위로 쳐다보고 있는 중
철식이와 을식이가 싸움이 붙었다.

그것도 그냥 싸움이 아니고 괭이로 찍을라고 했다.

작은 집 사촌 을식이 쌍식이는 쌍둥이 형제고,
내 동생 철식이는 외동이니 위에서 내려보니까
철식이가 다칠꺼 같았다.
정신없이 나무 위에서 내려오다가 썩은 나뭇가지를 밟아 대밭에 떨어져 대나무 껄티기에 찔려 박이 터졌다.
피가 솟구치는데 양달 용석 여의사한테 가서 깁었고
붕대를 감고 학교 갔으니 좀 부끄럽었다.

그때 보니 외동인 남동생이 외로와 보이고,
형제가 여럿 있는 기 좋아보이더라.

용산 아재

용산아재는 키도 크고 풍채가 위엄 있어
아재집은 부잣집이기도 했고,
친정이 일본이었던 용산아지매가 친정을 좀 갔다 오겠다고
담부랑 넘어 사는 내보고 아재 밥을 좀 해 디리라고 하길래.
아재집 정지간에 가 본께 우리집에서 구경하기 어려운 쌀밥에
생선에 김치에 그것 먹는 재미로 너무 좋았지.

어느 날부터 아재가 나와 둘식이를 앉혀놓고 한문을 가르쳐 주신기라.
명심부감을 쓰는 거는 못하고 읽히는데 참 재미가 났어.

아지매가 일본에서 돌아와도 우리 둘은 계속 공부를 하게 되서 저녁마다 열심히 읽다보면 어디서 "부웅! 뿌우웅!" 하는 소리가 방구들 내려앉을 거 같애.
옆에 눕었던 아지매가 어데서 비행기 소린가 전쟁났나 하고 놀래서 벌떡 일어나고 풍채 큰 아재의 방구소리가 그래 컸는거를 알

고. 우리는 크게 웃지도 몬하고 눈물 콧물 흘리면서 명심보감만 코 박고 읽었지.

그러다가 한문 읽기 잘몬하면 매운 회초리맛을 보는 기라.

그 시절 국민학교 밖에 없던 골짝에서 내가 한문 배운기 얼마나 잘했는지. 지금도 어디서 경조사가 있다고 연락오마 피봉에 쓰인 한자 읽기나 쓰기는 누구한테 안 묻고 스스로 다 할 수 있는 기라 다 그 아재 덕분이제.

그 풍채 우람하시던 아재가 돌아가시기 됐다해서 인사 드리러 가본께 어찌나 말라서 참말로 너무 놀랬지. 참 무섭고도 동네에서 필요한 아재였는데.

재산 1호

그날은 공부 잘하는 남동생이 대구에 있는 명문고등학교에 시험 치는 날이었제.

아침에 어른들 밥상을 내는데 숫가락통에 있던 남동생 숫가락이 마당까지 나가 떨어져서는 몽대이가 똑 뿌라지는기라.

분위기가 심상찮아서 노심초사하고 있는데 난대없이 마굿간에 암소가 풀려서 도장으로 들어가 보리쌀단지를 자빨티리놓고 한 되박 쯤 먹어뿌서 온동네 사람이 다 모이고 수의사를 부르고 초비상이 낫뿟지. 그 상태로 소가 물을 먹으면 뱃속에 있는 보리쌀이 불어서 죽는다고 아부지는 말 몬하는 소를 산으로 들로 운동 시킨다고 몰고 댕기고 난리도 아니었제

결국 소는 죽고 우리는 수의사가 보는 앞에서 토옥골에 소를 묻었지. 암소를 동네사람들이 짊어지고 묻으로 가는데 젖먹이 송아지가 따라가면서 음메음메 서럽게 우는데 우리 식구 전부 다 울었다 아이가. 그런데 수의사가 가고 나서 다시 파내서는 헐값에

잡아서 나눠먹었제 아까바서.

그라고 참 희안하기 떨어진 줄 알았던 남동생 시험이 뜩 붙은 기라. 어른들은 숫가락 뿔라진 거는 소가 수땜을 했다고 하더라.

그래 어미소는 아깝고 절통하지만 사료도 없는 시절 송아지는 어렵게 잘 키워서 훗날 남동생 등록금 할라꼬 장날 팔로 나가는데 정이 들어 안 갈라꼬 궁디를 빼는데 좋은 주인 만나서 잘 살아라꼬 부지깽이로 등어리 뚜디리 주면서 우리도 눈물 꾀나 뺏다 아이가.

끌박아서 미안하기는 한데 1

우리집에도 귀한 남동생 하나 태어났다. 귀하다고 혹말 태워 방에 기댕기다가 할매 담배통 옛날 깡통 뚜루박 끈메는데 거기다가 끌빡아서 눈썹이 푹 들어가고 빵꾸를 내뿟다.

그 시절에 깁지도 못하고 정성으로 잘 나샀는데,
내 욕 디기 많이 얻어 뭇다.

셋째 **성유정** 글

아련한 유년의 사계
절미운동
선창들에 핀 청춘
헛것을 보았나

아련한 유년의 사계

초가집 앞을 감돌아 실개천이 흐르고,
증조부께서 심으셨다던 아름드리 은행나무가 수호신처럼 온 집터를 감싸 동쪽으로 난 삽짝문 들어서면 왼쪽은 헛간,
오른쪽은 소 마구간 옆 디딜 방앗간,
안채를 돌아 은행나무 밑에 앙증맞게 앉아있는 통시
어두운 밤 혼자는 못 가
식구 하나를 밖에 보초 세워 떨게 하던 곳
구린내는 은행알 때문인지 통시 때문인지 몰라.

뒤뜰에는 대나무숲이 병풍처럼 둘러서 있어 사시사철 참새떼가 지저귀고 어른들이 쳐놓은 그물망에 폴폴 날던 참새들이 천방지축 걸려들어 사과나무, 감나무, 모과나무, 연두색으로 진분홍으로 봄소식을 전해오면 남새밭에 씨를 뿌려 여름 찬거리를 준비했지
초여름맞이 감나무들의 감꽃 축제!
꿀을 따는 벌들의 춤사위에 땅 위에 떨어진 감꽃은 실에 꿰어 꽃

목걸이를 만들고 아카시아 향기를 따라 주린 배를 달래느라 쪼록쪼록 훑어 한입 가득 향기를 채웠지.

  사랑방 담 넘어 살구나무에 씨롱메롱 매미 소리, 고추잠자리의 예쁜 날개짓, 더위에 지친 영혼에 생기를 불어넣었지
  초가지붕 위에 나비처럼 내려앉은 노란 은행잎
  꿈 많은 소녀는 예쁜 잎을 주워 책갈피에 끼워놓고
  성큼 가을은 깊어 지붕 위에 하얗게 늘려있는 고구마말랭이
  얼었다 녹았다 단맛을 더 하네
  가을걷이 바쁜 식구들 쿵닥쿵닥 디딜방앗간
  할머니는 곡식을 쓸어 넣고 손녀들은 힘껏 빙아를 밟아보자

  사랑방 창호에 사락눈 눈부시도록 내리는 긴 겨울밤
  출출한 배고픔에 헛간 구덩이에 묻어둔 생고구마 한 바가지 꺼내 화롯가에 둘러앉아 달콤한 고구마 더불어 맛갈스런 할머니의 옛날애기에 푹 빠져 어느새 꿀맛 같은 잠속으로 스르르 빠져들었지

절미운동

쌀이 참 귀했어. 정지간 선반 위에 항아리 하나, 밥 지을 때마다 쌀을 한 숟갈씩 떠 모을 때가 있었지.

유일하게 쌀밥 구경하는 날은 내 생일날, 정월 초닷새 명절 직후라 엄마는 셋째딸 생일은 종종 잊을 때가 있었지. 일년을 기다려 생일 쌀밥을 기대했던 나는 삐져서 하루종일 굶은 적도 있었어.

매일 매일 보리밥만 먹다 보니 배가 빨리 꺼지니까 늘 배고픔을 느꼈어. 그럴 때 훔쳐먹는 생쌀의 맛은 그 어디에도 비할 수 없어.

문제는 엄마가 집을 비워야 쌀을 훔쳐 먹을 수 있으니까. 늘 눈치를 살피지.

한번은 학교 갔다오니까 집에 아무도 없길래. 정지뒷간 쌀독에 쌀을 몇 줌 갯줌치에 넣고 한주먹은 입에 탁 털어 넣었는데, 엄마한테 들켜 버렸지. 말도 못하고 멈칫하고 있으니까.

"묵고 싶거덩 무라."고 하는데 눈에 눈물이 핑 돌았어.

고소한 생살의 유혹은 사랑방 윗목에 모셔져 있는 쌀가마니에 눈독을 들이고, 어른들이 안 계시는 틈을 타 가마니 옆퉁이에 구멍을 뚫었지. 졸졸 나오는 쌀을 몰래몰래 자주 빼먹다 보니, 어느 날 가마니 한쪽이 푹 꺼졌지.

"생쌀 많이 먹으마 회충 생긴다."

엄마한테 실컷 꾸중 들었지.

참 아이러니하게도 엄마는 절미운동하고,

나는 쌀밥보다 쌀을 더 많이 먹었어.

선창들에 핀 청춘

70년대 초 조직된 4H구락부는 주로 농촌 봉사단체였지.
당시는 집집마다 20대 청춘들이 한두 명은 있었기 때문에 우리 부락엔 회원이 20명 정도는 활동을 했었지.
동네 공동 일손 돕기로 풀 베어 퇴비 만들기, 마을길 공사, 그리고 모내기철이 오면 우리들의 활동이 절정을 이루었지.
4H회원이 있는 집은 품 갚음으로, 회원이 없는 집은 품삯을 계산하는 식으로 온 동네 모내기를 책임졌지.

넓고 넓은 선창들에 찰방찰방 모자리가 잡히고 4H 선남선녀들은 뚝방에 늘어서서 심호흡을 했지.
"오늘부터 이 선창들은 우리가 접수한다."
그리고 못줄을 따라 질서정연하게 무논에 들어서면 거머리의 습격쯤이야. 정말 장관이었지. 못줄을 넘길 때는 허리를 주욱 펴고 노래도 한 곡조 뽑고 다리에 붙은 거머리도 잡아떼어 옆 논으로 휙 던져가며 중참을 기다리지.

집집마다 특별한 중참을 준비해서 논두렁가에 차려주니 노동의 댓가는 정말 꿀맛이었어. 모여앉은 청춘들의 야릇한 농담은 덤이고. 선창들이 퍼렇게 물들어가는 모습을 하루하루 지켜보며 힘 들지만 참 보람있고 재미있는 시간들이었지.

모내기철이 끝나고 나면, 달밤에 알만한 회원집 수박서리도 하고, 원모제에서 어른들 모시고 노래자랑 대회도 열고, 그렇게 집안 일, 부락 일을 하며 지.덕.노.체 정신을 키웠으니 우리 세대는 거친 세상 힘든 줄 모르고 살아낸 셈이지.

농촌에 살면서 전국 제1회 새농민 독자대회에 군 대표로 뽑혀 참석한 것은 특별한 경험이었고.
그때가 그리워지네.

헛것을 보았나

어느 해, 부산에서 막차를 타고 창녕읍에 내리니까 가마실로 오는 버스가 끊어진 후였어. 집이 그리워 밤차를 탄 것이 잘못이니 어쩌겠어.

혼자 이십리 길을 걸어서 가마실로 향했지.
비는 부슬부슬 내리고 진다리를 지나 시퍼런 웅덩이가 있는 그쯤 왔을 때, 저 멀리 개장골에서 마당 빗자루만한 귀신불이 하늘로 붕 치솟더니 내 있는 쪽으로 둥둥 떠오는 거라. 등골이 오싹해지는데 정신을 바짝 차렸지.

그런데 갑자기 귀신불이 눈앞에서 사라졌어.
'헛것을 보았나? 걸음아 나 살려라.'
집으로 뛰는데 온몸은 땀에 젖고 비에 젖고 배꾸마당에 도착해서 식구들을 보니 서러움이 북바쳐 펑펑 울었어.

넷째 **성갑숙** 글

신파극은 그렇게 끝이 났던 것이었던 것이었다
도깨비불 춤추는 애장골
확! 마, 직이뿔라
봄바람에 실려온 연서
갱분에서 소싸움 한다꼬예
무서운 기억
파래이 모개이 벌개이 때문에
읍내 엄마
여자는 집에서 살림만 잘하면 된다
치알 치고 잔치하던 날
개구리밥
야! 야! 야! 진또리하자
깔방알라 업은 동무가 부럽다

신파극은 그렇게 끝이 났던 것이었던 것이었다

　내게는 언니가 세 명 있었으니, 입던 옷 받아 입는 것은 싫었지만 읽던 책을 받는 것은 좋았던 것이었다. 언니들 책 중에 이팔청춘 내게 숨기고 싶은 책이 있었으니 그 이름 하야 〈이수일과 심순애〉

　작은 방 책상 위의 책들은 누구나 읽을 수 있는 여성잡지들이었고, 책상 아래 꼭꼭 숨겨놓은 끈적끈적한 그 책을 발견한 날, 나는 잠이 오지 않았던 것이었다. 언니가 잠들기를 기다리고 기다렸던 어느 날 밤, 변소 가는 척 책을 들고 나가 달빛에 몇 장 넘겨 읽고는 밤을 꼴딱 세어 버렸던 것이었다.

　여학교 3학년 진반 교실, 친구들 앞에서 머릿속 책장을 펼친 나는 수일과 순애의 끈적끈적한 열애사건의 전말을 들려주었고, 친구들은 그 책 진본을 꼭 한번 보고 싶다고 성화였던 것이었다.
　다음날 문제의 진본을 훔쳐 학교로 가져가서 돌려보고 또 돌려

보고 체육시간 운동장 철봉대 아래 모래밭에서 뜨거운 신파극이 시작되었던 것이었다.

"순애씨! 김중배의 금반지가 그렇게도 좋더란 말인가?"
"수일씨! 오해예요. 제발 가지마세요."
 순애는 수일의 바지가랑이를 잡고 늘어졌으니 수일은 돌아보지도 않고
"노아~라! 빤스 고무줄 떨어진다."

 3학년 진반 전원이 모래밭에 뒹굴며 포복질도하다 만물선생님한테 걸렸으니, 책도 뺏기고 운동장 열 바퀴 단체기합을 받았지만 마냥 즐거웠던 것이었던 것이었다.

 언니들아, 책 훔쳐가서 뺏긴 것 미안하고 만물선생님 아직 생존해 계시면 꼭 받아 줄게.

도깨비불 춤추는 애장골

분터에 사는 동무 집에서 놀다가 밤이 깊었다.

혼자 집에 갈라 카는데 동무가 다리거리까지 바래다준다고 따라 나왔다. 다리 밑으로 축축한 바람이 불고 맞은편 성지산 골짜기에 벌건 불이 일렁거렸다.

"엄마야, 도깨비불이다."

"맞아, 저기는 애장골이라카던데?"

"애장골?"

"그래, 저 골짜기는 옛날옛날 알라들이 죽으마 단지 안에 넣어서 지게에 지고 가서 묻었다카더라."

"그래서 애. 장. 골?"

"엄마야 그라마 내 우에도 가스나 하나 죽었다카든데 그럼 내 히야 될뻔한 알라도 저기 있겠네?"

"그라마 니 따라 붙겠다. 너거 집에 가고 싶어서."

"문디 가스나야. 죽은 알라가 우째 오노?"

"저거! 저거 봐라 막 날라오네?"

"아이고 무시라. 오늘 너거 집에서 자고 가야겠다."

"안 된다 가스나야. 저 도깨비불이 우리집에 따라오마 우짜라꼬?"
그날 밤 애장골 도깨비불이
안가마실, 골땀, 분터, 넘어땀으로 훌날라 댕기는 꿈을 꾸었다.

확! 마, 직이뿔라

정월 대보름날이었다. 가마실 뒷산 절골만대이 달집을 짓는다고 집집마다 분주했다. 특히 혼기에 든 언니 오빠야들 손에는 소원지를 품고 있어 비밀스런 움직임도 보였다.

보름달이 오르기 전, 동네오빠야들은 부지런히 달집을 세웠고, 꼬맹이 우리들은 신기한 듯 달집을 둘러싸고 뱅뱅 돌며 놀았다.

그런데 한쪽 구석에 낯선 오빠야들 몇이 보였고 산 너머 동네 오빠야들이라 했다. 어린 눈에도 감지되는 묘한 분위기, 뭔가 터질 듯한 분위기, 어린 우리는 신기한 듯 멀찌기 바라보고 있었다.

잠시 후, 어둠이 내리고 화왕산 꼭대기에 보름달이 두둥 떠오르고 달집에 불이 화르르 일기 시작했다.
모두 흥분해서 부둥켜안고 달집을 뱅뱅 도는데 난데없이 우리 동네 오빠야의 고함소리가 불기둥을 찢어놓았다.

"확! 마, 직이쁠라!"

 산 너머 동네 오빠야가 우리 동네 언니야를 확! 끌어안아 버렸단다. 의도했든 안 했든 어쨌거나 달집은 훨훨 타오르고, 우리 동네 오빠야도 산 너머 오빠야도 벌겋게 타올랐다.

봄바람에 실려온 연서

죽은 영장도 꿈질댄다는 모내기철이었습니다. 선창들 무논에 못줄을 대고 풍당풍당 벼포기를 놓고있는데 어떤 사람이 마을버스를 타고 날 찾아왔답니다.

이 바쁜 철에? 같이 모를 심던 4H회원들이 일제히 허리를 폈습니다. 나는 다리에 붙은 뻘을 대강 씻어내리고 보릿짚모자를 꾹 눌러 쓴 채 냇가 버스정거장으로 뛰다시피 갔습니다.

아뿔사! 그 머스마. 도시로 유학 간 옆집 동창 녀석의 친구. 지난 겨울방학 시골 구경시켜준다고 데려와서 온동네 친구들과 잠시 놀았던 얼굴이 뽀얀 머스마 친구.
'이 머스마가 살짝 돌아뻔나 여기가 어디라고?'
엉거주춤 서 있는데
"우와! 보릿짚모자 멋지다."
"어어? 모자?"
'그래, 도시사람들에게는 생소할끼다.'

태연한 척했지만 당황했습니다.

"그냥 한 번 보고싶어서 왔다. 와따!

'뭐라? 시골 가스나가 보고 싶어서?' 그때야 나는 내 행색을 내려다보았습니다. 구릿빛 얼굴에 옷이라고 걸친 것은 모두 흙탕물이고, 무엇보다 동네사람들 눈이 무서웠습니다.

"우짜노? 내 지금 동네사람들과 모심던 중이라…."

좀 놀다가 다음 버스 타고 나가겠다는 머스마를 내삐리두고 다시 무논으로 들어갔습니다.

그날 내가 꽂은 모포기는 모두 물 위에 둥둥 떠다녔습니다.

그리고 며칠 후 편지 한 통을 받았습니다.

― 가기 싫은 몸을 싣고 차창 밖에 펼쳐지는 시골 풍경은 잊혀지지 않습니다. 사귀고 싶습니다….

갱분에서 소싸움 한다꼬예

가을걷이가 끝나갈 무렵, 동네 앞 냇둑에 사람들의 함성소리가 가마실 하늘을 뒤덮었다.
멍에를 내려놓은 소들의 싸움이 시작된 모양이다. 가을 끝무렵이라 동네 앞 넓은 갱분에는 물이 거반 말라서 소싸움하기에는 최적이었다.

겁 많은 여자애들은 어른들 사이 사이에 끼어 구경을 하는데 그 해 나는 중풍으로 3년째 거동이 불편한 할배 곁을 지키고 있었다. 사랑방에 계신 할배께서도 사람들의 함성소리가 들렸는지 샛문 두드리는 소리가 있어 방문을 열었다. 삽짝 밖을 멀리 내다보시는 의도를 알아차린 나는
"아, 저 소리예? 갱분에서 소싸움한다꼬예."
바깥 날씨가 제법 쌀쌀한데 방문 닫을 맘이 없으신 걸 보니 옛날 생각을 하신 모양이었다.
"할배예, 구경 가 볼까예?"
고개를 끄덕이신다. 아차! 싶었다. 집에는 나 혼자뿐인데 할배

를 어찌 모시고 나갈라꼬 마음에도 없는 소리를 해버린 것이다.

궁하면 통한다고 앞집 손수레가 삽짝문 밖에 놓여있었고, 나는 손수레를 얼른 끌고 와서 가마니 한 장을 깔았다. 그 위에 얇은 이불 한 장 깔고, 사랑방 댓돌 위에 바짝 들이대고는 할배를 끌어안아 실었다. 그때 할배의 몸은 종잇장같이 가벼워서 사실 별 무리가 없었다. 그리고 두꺼운 핫저고리를 어깨에 걸쳐드리고 둥구산 밑으로 향하는데 멀리 냇가가 내다보이고 사람들 소리가 더 크게 들렸다. 거기서 할배는 손을 흔드셨다. 그만하면 되었다고.

한참을 그 지리서 동네사람들의 함성을 듣고 계시던 할배는 실쭉! 한 줄기 실웃음을 머금고는 집 쪽으로 시선을 돌리셨다.

병석에서의 3년, 갱분에 소들보다 더 치열하게 병마와 싸우고 있었다. 할배도 나도 우리 가족 모두.

무서운 기억

엄마의 재산 1호는 재봉틀이다.
다섯 가스나들 뽀뿌링 치마도 반짝이 저고리도 지어 입히고.
귀한 외동아들, 아부지, 할매, 할배
바지저고리 두루마기도 척척 지어 입혔다.

내 가장 어린 기억 중에, 울아부지를 찾아 노름꾼들이 여럿 우리 집에 들이닥쳤다. 곳간을 열어젖히고 나락가마니를 들어내기 시작하는데 사랑채에서 벼락같은 할배의 음성이 들렸다.
그러자 노름꾼들은 안채에 있는 재봉틀을 내어가려 했다.
그때 엄마는 여자의 몸으로 방문 앞을 가로막아
재봉틀을 끝까지 지켜냈다.

그 재봉틀은 아부지가 일본 징용 끌려갔다가 가져온 것이다.
아부지의 술과 노름은 엄마를 여장부로 만들어 갔다.

파래이 모개이 벌개이 때문에

푹푹 찌는 여름날,

저녁나절 들에서 돌아온 엄마는 한댓솥에 엎디어 수제비를 바삐 떠 넣고, 할매는 땀을 구실같이 흘리면서 불을 지피고 있었다.

아부지는 마굿간에서 종일 지친 소 여물 챙겨주느라 정신이 없고, 벌개이는 어찌 그리도 물어쌌는지. 배 고픈 다섯살배기 나는 의지가지없어 칭얼대다 무서운 엄마한테 된통 혼나고 눈물 콧물 범벅이 되었다.

그때 사랑채 문이 열렸다. 수염을 정갈하게 드리운 할배께서 나오시더니 내 앞에 앉아 등을 내미셨다. 얼결에 업히기는 했으나 배꾸마당을 나서기도 전에 불안했다. 할배는 모시적삼 안에 얼멍한 등거리를 입으셨고 손녀가 등에 착 달라붙지 못하니 허리를 제대로 펼 수가 없었다. 어린 나는 떨어지지 않으려고 할배 목에 비어져 나온 등거리를 오다쥐고 한사코 매달렸다.

그렇게 잠시 집앞 방천까지 나왔든가 한줄기 시원한 바람에 나는 잠이 들었는지 그 뒷일은 기억나지 않는다.

 훗날 신동아지매가 어스럼에 손녀를 업고 방천을 나온 할배를 보셨는지
 "하이고, 잔집 할배가 알라를 업고 어둘구석에 서서 들썩이고 기시더라." 면서 참으로 기이한 모습을 보았다고 동네방네 소문을 냈다.
 우리 할배는 참으로 점잖은 사랑샌님이셨다. 들일도 안 하시고 며느리가 지어준 모시적삼 비라입고 제실에만 출입하신 분이었다.
 파래이 모개이 벌개이 때문에 나는 샌님 할배 등에 업히기도 했다.

읍내 엄마

우리는 엄마가 둘이다.
우리 집에 같이 사는 무서운 엄마와
우리 엄마보다 더 무서운 읍내엄마가 있다.

쉬! 쉬! 읍내엄마가 배꾸마당을 들이치며 쉿소리를 내는 것은
지난밤 우리 엄마가 억수로 아팠기 때문이다.

읍내엄마는 배가 아파 움직일 수도 없는 우리엄마를 안마당 멍석 위에 업디게 하고 칼을 휘두르기 시작했다.
할매는 마루에 앉아 손이 발이 되게 **빌**고 있고,
우리도 덩달아 빌었다.

한참 주문을 외던 읍내엄마가 칼을 배꾸마당으로 집어던졌다.
그러다가 귀신이 말을 안 나간다고 칼을 다시 집어와서 우리엄마 등을 치고, 머리를 치고, 온몸을 휘휘 두르더니 다시 배꾸마당으로 집어던졌다.

드디어 우리엄마가 엉거주춤 일어나서 방으로 들어와 눕고 의식이 끝이 났다.

그리고 며칠 후 우리엄마는 자리에서 일어났다.

사실 읍내엄마는 외동인 오빠의 엄마이다. 간난이 적 까무러지기를 자주했고 그때마다 살려낸 점술가에게 팔았다고 했다.

아들만 팔았는데 우리엄마는 딸들에게도 엄마라 부르라했다.

어쨌거나 우리는 읍내엄마가 오는 날이면 언제라도 맛있는 음식을 해서 정성껏 대접하고, 잠자리도 따뜻한 할매 옆자리 내어 주었다.

여자는 집에서 살림만 잘하면 된다

또 할배가 중풍으로 누우셨다.
할배는 할매와 달리 오른쪽 수족을 못 쓰게 되어
밥상을 들인 다음 긴장을 해야 했다.
한때 아버지의 방탕을 평생 용서 못할 정도의 곧은 성품은
당신의 오른손이 마땅찮아 식사 도중 수저를 마당으로
집어 던지는 경우가 더러 있었다.
결국 할배 곁에서 오른손이 될 수밖에 없었던 나는 진학이 무한정 늦어지면서 순탄치 않을 나의 진로를 예감했다.

당시 가마실에는 시기를 놓쳐 몇 년 늦게 진학한 언니들이 몇 있었고 그중에 당당히 전교회장으로 졸업한 언니도 있었으니 나도 항상 준비 자세를 갖추고 있었다.

그러나 농번기를 벗어나 엄마가 할배 곁을 지킬 수 있을 때 읍내 만옥정 도서관에라도 가서 책 좀 들여다보려 집을 나설 때면 항상 뒷꼭지가 따가웠다.

여자는 시집 가서 살림만 잘 살면 된다고. 학벌 좋은 여느 집 며느리 그렇고 그렇더라며…….
딸 다섯은 내리내리 엄마를 절대 이길 수가 없었다.
아니 설득할 수가 없었다.
한 고집하는 막내의 경우는 끝자락이니 좀 너그러워졌던가 제 코스를 밟아 대학 문턱을 넘기는 했지만, 완고한 엄마와의 담판에 눈물 꽤나 쏟았다고.

학벌 족벌 세상 것 모두 마음먹기에 달렸다고 한다.
그러나 여자라서, 여자니까, 갖가지 차별 속에 무수히 많은 불합리함을 감내하며 살아온 어머니 당신은 정녕 여자로 태어난 딸들에게 일말의 미안한 감정은 없었는지 진지하게 물어본 적이 있다.
'손톱만큼도 미안하지 않다'는 엄마의 단호함에 눈물이 왈칵 솟았다. 당신의 삶이 결코 만족스럽다는 뜻으로 받아들여지질 않았기 때문이다.

대학에서 국문학을 전공하고 교육대학원에서 국어교육학 석사 과정을 밟기까지 지금 생각해보면 피눈물 나는 여정이었다. 여자는 집에서 살림만 잘하면 된다는 가부장적 관습에 후회 없는 도전이고 승리였다.

치알 치고 잔치하던 날

큰히야 결혼하는 날, 마당에 치알 치고 신랑 신부 맞절하고 잔치 음식을 나누기 시작했다. 키우던 돼지 한 마리가 사랑방 무쇠솥에 누워있으니 온 동네 사람들은 모처럼 목에 기름칠하느라 신이 났다.

그런데 동네사람 면면을 살피던 할매가 남동띠기가 안 보인다고 가서 통기를 해라고 했다.
마당에 친인척들은 '한동네 살면서 잔치하는데 얼굴도 안 내민다'고 상종 말아야 한다고 수군댔다.
'각성바지라 그럴 수 있다'고 할매는 좋은 날, 좋은 음식을 싸서 어린 내게 들려보냈다.

나는 담모퉁이를 돌아 대나무집 남동할매집 삽짝문 앞에 서서 큰소리로 말했다.
"남동할매! 우리할매가 보내서 왔습니더."
할매보다 개들이 먼저 우르르 짖으며 달려나왔다.

　남동할매는 방문을 열고 나오면서 들어오라고 했다.
　개가 무서워서 머뭇대다 엉거주춤 들어가서 음식을 전하고 돌아섰다. 개들이 우르르 나를 따랐다. 그중 한 놈이 내 종아리를 물고 늘어졌다. 나는 다리에 피를 칠칠 흘리면서 집으로 돌아왔다. 잔칫날이라 크게 울지도 못하고 눈물을 찔끔찔끔 짜면서 우물가에 서 있었다. 할매는 불같이 화를 내며 다시는 '상종을 말아야 되겠다'고 했다.

개구리밥

동네 앞 무논에 파릇파릇 덮인 개구리밥을 걷는 일은
소풀 뜯는 거 보다,
보리 이삭 줍는 거 보다,
나물 캐는 거 보다,
미꾸라지 잡는 거 보다,
감나무 위에 올라가 노는 거 보다,
숨바꼭질하는 거 보다,
딸기 서리하는 거 보다,
소꿉놀이하는 거 보다,
키 작은 머스마 놀리는 거 보다,
버들피리 부는 거 보다,
자치기하는 거 보다,
구슬치기하는 거 보다,
고무줄놀이하는 거 보다,
땅따먹기하는 거 보다.
더! 더! 더! 신난다.

무논 벼포기 사이사이 둥둥 떠 있는 개구리밥을 소쿠리로 죽
죽 걷어서
용사이 아재집에 가면 값을 제법 쳐 준다.
양계장 주인 조카님,
꼬맹이 아지매들 손에 쩐을 쥐어주며 언제나 후하게 웃어주고,
다음날 학교 문방구에서 우리는
달콤한 사탕을 한 볼테기 굴리게 될 것이다. 야호!

야! 야! 야! 진또리하자

여름방학이다.

집집마다 아이들은 소를 몰고 큰산만대이 밑으로 향했다.

소는 덩치가 아무리 커도 고삐만 움켜쥐면 꼼짝을 못한다. 키 작은 아이들도 소 이까리를 뿔감기 착착해서 산으로 올려보낼 줄 안다. 소는 이리저리 몰려다니며 풀을 뜯어 먹을 것이고, 오늘 우리 또래들은 뭘하며 놀지?

야호! 진또리하자. 이쪽저쪽 돌무더기 하나씩 진을 치고 서로 뺏기하는 거다. 이쪽 진에 대장은 큰집 오빠야. 저쪽 진에 대장은 뒷집 오빠야. 조무래기 우리는 졸병. 대장이 시키는대로 중간지점 돌무더기를 먼저 밟고 와야 된다. 잡히면 절대 안 된다.

큰산만대이 해는 지는데 소들은 먼저 알고 넙덕등에서 내려가고 있네. 이제 집으로 가야지. 각자 자기집 소를 찾았는데 우리 소가 없네? 우짜노 집에 먼저 내려갔나? 우다닥 집으로 뛰어내려 갔더니 마굿간이 텅 비었네?

"아부지! 우리 소가 없어졌습니더."

 아부지는 쉿쉿 눈썹을 휘날리며 어둠을 뚫고 큰산만대이로 향했다. 늑대가 산다는 등산이를 넘어 세아불까지 가버렸을지 모른다고 발걸음 빨라지는데 어둠을 뚫고 쩔그렁! 반가운 워낭소리. 겁 많은 우리 소는 넙덕등 너머 묏등 위에 떡! 서 있었대.
 덩치에 어울리지 않게 무서워서 그런다네?
 그나저나 진또리하면서도 힐끗힐끗 소를 챙겼어야지.
 꾸중 꽤나 들은 날이다.

깔방알라 업은 동무가 부럽다

　제실 마당 느티나무가 고운 빛으로 물들 무렵, 둥구산에는 어른들의 허연 두루막자락이 펄럭인다.

　묘사 지내는 날이다. 동네 조무래기들 하나, 둘 동무해서 둥구산으로 따라 올랐다. 꼬깃꼬깃 보자기 하나씩 준비하고 깔방알라들도 업고 가면 그의 몫을 준다니 베개라도 업고 가자고 야단이다.

　제사 다 지내기를 줄 서서 기다리는 시간은 참 길다. 절하고 또 절하고 드디어 음복하는 시간 제사상에 오른 시루떡이며, 맛 나는 과일에 각종 고기전 야채전 조각조각 썰어 모닥거린 어른들이 아이들을 불렀다.

　아이들은 저마다 준비해간 보자기를 펼쳐 양쪽 귀를 잡고 턱받이 하듯 목덜미에 묶고 앞자락을 좌악 펼쳐 제사음식을 받는다.

고기도 생선도 과일 조각도 시루떡도 한꺼번에 받아들고 둥구산을 내려오면서 떡고물이 범벅이 된 고기 씹는 맛 그 무엇에 비하랴.

그때만큼은 깔방알라 업은 동무가 제일 부럽다. 두 몫을 먹을 수 있으니까

다섯째 **성지윤** 글

눈물보따리
감쪽 같은 맛
할배 밥상 나기를 기다리며
이 잡듯 샅샅이
버니타
겨울 간식
새미치기

눈물보따리

　필이와 나는 둘도 없는 소꿉친구입니다. 우리집 뒷집의 필이가 3일 먼저 태어났습니다.
　필이는 키도 작고 귀여운 오자매 막내이고, 나는 키 큰 오자매 막내입니다.

　겨울이면 우리 둘은 큰보따리와 까꾸리를 들고 산으로 나무하러 다녔습니다.
　난방을 산에 있는 나무에만 의존하던 때라 아이들 손에 긁을만한 깔비나 낙엽송은 남아나지가 않았습니다.
　뒤까새, 장고만대이, 절골짝, 씨릉골, 토옥골 골짝골짝 다 다니고 그날은 멀기도 하고 음산한 어울산으로 갔습니다.

　요즘으로 생각하면 기가 찬 인력입니다.
　깔비와 낙엽송을 섞어 큰 이불보따리에 야무지게 묶어서 조금 높은 산소 위로 올라가 나는 필이 머리 위에 올려주고, 필이가 내 머리 위에 올려주다가 필이 보따리가 나가떨어지고, 또 내 보따리가 나가떨어지고 기진맥진한 우리 둘은 보따리 위에 퍼져 앉아 엉엉 울었습니다.

  국민학교 5학년 아지매 꼭숙이와 질녀 필이, 호랑이띠 동갑 우리는 호랑이에게 물려가도 살아올 만큼 참 야무지게 세차게 컸습니다.

감쪽 같은 맛

읍내로 가는 버스가 하루 두 번밖에 없던 시절,
조그마한 광주리에 새우깡, 라면땅, 고무까자, 왕눈깔 등 몇 봉지와 소주 몇 병 갖추고 점빵를 엽니다.
소비조합입니다. 집집이 돌아가면서 운영하는 점빵입니다.
이웃간에 다 친척이라 누가 뭘 사 가는지 알기 때문에 돈이 있어도 사 먹기가 어렵습니다.
그런데 그 점빵이 우리집 차례가 될 땐 좋기도 하고 안 좋기도 합니다. 너무 먹고 싶어 참느라 죽을 것 같았습니다. 그래서 생각해 냈습니다.
라면땅 포장을 아주 쬐끔 뜯어 몇 개씩 꺼내 먹고, 생라면도 뜯어 몇 개 꺼내 먹고, 그리고 안 먹은 척 시치미 뚝 따고 팔고 간댕이가 배 밖으로 나왔습니다. 그래도 아무도 포장이 찢겼다꼬 따지로 오는 사람이 없었습니다.
그런 맛을 감쪽같은 맛이라고 합니다.

할배 밥상 나기를 기다리며

밥때가 되면 우리집 정지간은 매우 바빴습니다.

뭐 맛 나는 거를 많이 해서가 아니라 없는 식재료로 많은 식구들 허기 채우기에 엄마와 언니들이 분주했습니다.

보리쌀은 미리 삶아서 가마솥에 깔고 중간에 쌀 한 호큼 앉히고 때론 밥 양을 늘이기 위해 나물이나 무를 채썰어 넣기도 했습니다.

어린 내 입에는 정말 맞지 않았습니다.

물컹한 무 식감과 미끈거리며 입 안을 도는 꽁보리밥은 죽도록 싫었습니다.

그래서 나는 매 끼마다 밥을 반쯤 먹다가 뒤로 물러앉아 벽에 기대고 기다렸습니다. 언니들의 눈총을 받았지만 꿈쩍 않고 기다렸습니다.

바로 먼저 사랑방으로 나간 할배의 밥상이 물러 나오기만을 기다렸습니다.

밥솥 중간에 앉혔던 쌀밥이 보리쌀 약간 섞여 할배 밥그릇으로 들어간다는 사실을 알기 때문입니다.

할배는 밥을 항상 삼분의 일쯤 남겨 주십니다. 짜디짠 갈치도 쬐끔 남겨 주십니다. 세상 보들보들한 상반지기밥 입니다.
꿀맛입니다.
나는 막내라서 너무 행복했습니다.

이 잡듯 샅샅이

먹을 게 궁색해. 아, 어른 할 것 없이 빼짝 마른 시절 뭐 묵을 것 있다꼬. 머리에는 머릿니, 몸에는 옷니, 스믈스믈했습니다.
자주 씻지 않는 탓도 있겠지요.

엄마는 내복을 삶아 보다가, 디티가루를 뿌려 보다가 머리는 식초를 발라 챔빗으로 빗겨 보다가 겨우 다 퇴치했다 싶으면, 뒷집 용사이 아재 내외의 내복이 담을 넘어옵니다. 눈 밝은 우리들은 사랑방 이불 밑에 발을 넣고 열심히 그 내복을 뒤지며 이를 잡아댑니다.

정말 이 잡듯 샅샅이 뒤지며 잡습니다.
그리고 다음날부터 또 우리집에 이가 버글버글합니다.
으이구우—
이 오르는 줄도 모르고…….

버니타

가마실이 발칵 뒤집혔습니다. 노랑머리 미국아가씨가 온다는 겁니다.
대학생 오빠가 영어를 배운다고 알고 지내던 아가씨선생님이랍니다.

이름은 버니타 입니다.
오빠친구 두 명과 모두 네 명이 웅성웅성 삽작문을 들어서는데 사랑방 쪽문으로 그 광경을 본 우리 할배께서 황당하셨습니다.
봉창문을 열어 젖히며, 담뱃대로 쇠재털이를 탕탕 내리치며
"저기 뭐꼬? 저기."
벼락같이 소리를 치십니다.
과연 그러실만 했습니다. 우리 모두가 난생처음 본 키가 크고 하얀 피부에 파란 눈, 노란 긴 머리를 가진 전형적인 서양아가씨였습니다.

닭을 잡고 국을 끓이고 뭘 먹여야 하나 정지간은 정짓간대로 난

리고, 큰집, 우리집 두할매는 서양사람은 스킨쉽을 좋아한다는 정보를 입수하고 작은방에다 푹신한 방석을 깔고 버니타를 올려 앉혀놓고는 양쪽에 앉아서 주무르고 '이뿌다.' 하면서 머리를 연신 쓰다듬었습니다. 작은방 두짝문을 활짝 열어놓고 온 동네 사람들이 몰려와 대청마루와 디딤돌 위에까지 목을 빼고 영화를 보듯 구경하였습니다.

당황할만도 하지만 버니타는 의외로 생글생글 웃으며 "헬로! 헬로!"하면 사람들은 박수를 쳤습니다. 오십여년 전 가마실에서 일어난 큰 사건입니다.

겨울 간식

음력 정월달 할배는 제실로 마실 가시고 집에는 가끔 옷 갈아입을 때나 오십니다.

바깥 어르신들을 제실에 모셔놓고 동네 아낙들은 교대로 밥을 해서 나르거나 제실을 지키는 고지기가 밥을 해댔습니다.

그래서 사랑방은 우리 차지가 됩니다.

바로 위 넷째언니와 나는 책을 보다가 할배 골방을 뒤지다가 화투와 골패를 꺼내서 놀다가 출출할 때쯤 항상 우리를 유혹하는 윗목 천정을 노려봅니다. 스무 개쯤 걸린 메주덩이 곧 작전에 돌입합니다.

내가 엎드리고 언니가 올라가 보지만 닿지 않아, 키 큰 언니가 나를 목마로 태워 죽을힘을 다해 올리면 빠들빠들 마른 메주를 이빨로 갉아 보다가 어쩌다 쥐꼬만한 거 하나 떨어지면 내려와 둘이서 살뜰히 나눠 먹습니다.

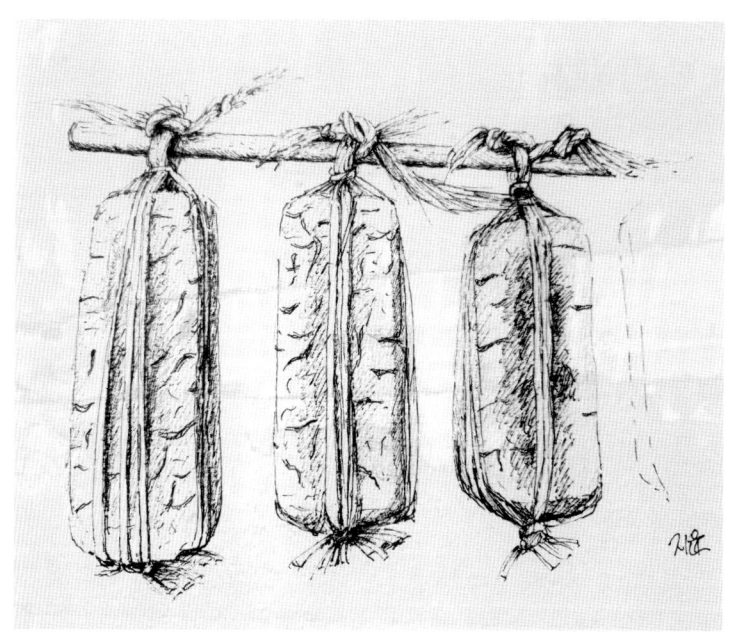

 잘 띄워서 꼼꼼한 냄새가 매력적으로 고소합니다. 그러다 엄마 한테 걸리면 빗자루 몽댕이에 등짝 한 대씩 맞아도 우리는 그 유혹을 벗어날 수가 없었습니다. 덕분에 잘 뜨고 있던 메주 몇 덩이는 우리한테 당해서 점점 작아졌습니다.

 된장이 되서 우리 입에 들어오거나, 메주로 뜯어 먹거나 영양 가득하니 됐고. 맛있으니 됐고. 즐거우니 됐고.

새미치기

　가끔씩 우물안에 들어가 본 적이 있습니다. 여름 장마가 오기전에 깨끗한 물을 먹기 위해 새미치기를 합니다.

　동네 공동우물 연당새미에 비해 우리 새미는 좁기도 하고 그리 깊지가 않았습니다. 먼저 두레박으로 있는 물을 최대한 퍼내고 바닥이 보일 때쯤 사다리를 넣습니다. 새미가 좁아 들어가 청소할 사람은 당연히 몸땡이 덜 큰 막내이가 들어가야 합니다.
　썩 기분이 좋은 건 아니지만 뭔가 큰 임무를 맡은 듯 들어가 봅니다. 사다리를 타고 바닥에 내려서면 남은 물이 무릎까지 오는데, 사다리는 들어 올려 버립니다. 등골이 오싹합니다.

　정신을 가다듬고 벽에 낀 물때와 이끼를 재빨리 닦고 바가지로 물을 끼얹어 헹궈서 내려오는 두레박에 퍼담아 주면 위에서 엄마나 언니가 끌어 올려 버려 줍니다.

우물 안에서 위를 보면 동그란 하늘만 보입니다. 몸도 마음도 서늘해집니다. 바닥에선 자꾸 새물이 퐁퐁 솟아나기 때문입니다. 이러다가 여기를 못 나가면 어떻게 될까 불안해서 자꾸 엄마를 부릅니다.
　좁아서 엎드리기도 힘들어 겨우 앉아서 청소를 다하고 올라오면서 나도 모르게 구시렁거립니다.
　"휴 하마터면 우물 안 개구리 될뻔했네." 하면서

　하루 이틀 지나고 나면 우물 안 맑은 물에 파란하늘이 담겨 있습니다.

수필로 그린 가마실 풍정

깔비단을 쳐다보니 눈물이 난다

초판 1쇄 인쇄 2024년 1월 25일
초판 1쇄 발행 2024년 1월 30일

지은이 성정숙 성재선 성유정 성갑숙 성지윤
삽화 성지윤

발행인 서정환
펴낸곳 신아출판사
주소 전북 전주시 완산구 공북 1길 16(태평동 151-30)
전화 (063) 275-4000
이메일 shina321@hanmail.net
출판등록 제300-2013-133호
인쇄 · 제본 수필과비평사

- 이 책의 저작권은 지은이에게 있습니다.
- 지은이의 동의 없이 이 책의 내용을 이용하지 못합니다.

ISBN 979-11-5933-514-3 (03810)
값 13,000원

Printed in KOREA